D1657139

Ernestine Koch

Auf die Schnelle...

Nicht ärgern – nur schmunzeln

Ernestine Koch

Auf die Schnelle ...

Nicht ärgern –
nur schmunzeln

Illustrationen von
Peter Schimmel

Verlagsanstalt »Bayerland« Dachau

Titelfoto:

Gabi Schnelle

Fotostudio Liselotte Weich, München

Verlag und Gesamtherstellung:
Druckerei und Verlagsanstalt »Bayerland« Anton Steigenberger,
8060 Dachau, Konrad-Adenauer-Straße 19

Printed in Germany · ISBN 3-89251-041-5

Inhalt

Abhilfe

Seien Sie mir willkommen, liebe Leserin, lieber Leser. Und nehmen Sie gleich als erstes einen guten Rat, der gegen jeden Kummer hilft und ihn ganz rasch zum Verschwinden bringt. Zwar vergeht die Trübsal meistens von selber nach dem Sprichwort: »Die Zeit heilt alle Wunden.« Bloß – wer nimmt sich so viel Zeit? Schon eine kleine Mißlaunigkeit ist schwer auszuhalten. Manchmal hilfts, wenn man sagt: Noja, Föhn! Tiefdruck! Wetterwechsel! Rhythmische Störungen! Wurscht, was. Selbst eine Ausrede erleichtert.
Man kanns auch machen, wie es die Reklame empfiehlt: sich verwöhnen mit Schönem, Edlem, Schnapsigem. Weil man sich doch sonst nichts gönnt! Leider ist es hernach meistens noch schlimmer.
Oder wir machen es, wie in Frauenzeitschriften zu lesen ist: einkaufen, vielmehr shopping gehen. Aber da wird die Mißstimmung lediglich umverteilt. War man vorher aus unbekannten Gründen grantig, ist mans hernach aus bekannten: Weil man das Zeug nicht gebraucht hätte und weil einem jetzt das Geld fehlt. Auch ein Schönheitstag treibt nur fünf neue Wimmerl unter der Gesichtsmaske vor. Und das beruhigende Kamillenbad ruiniert die Frisur. Wenn dann überraschend der langersehnte Besucher kommt, ist man seelisch absolut im Tiefparterre.
Die Ratschläge unserer Wissenschaftler sind überhaupt das Letzte! Erst sagen sie: Licht heilt Traurigkeit. Legt man sich aber in die Sonne, schrecken sie einen mit Hautkrebs. Oder sie raten zu Schokolade als Stimmungsheber. Kaum hast ein Taferl im Mund, liest man: Kohlenhydrate machen müde. Und fett. Da muß man doch verzweifeln!
Das ist eben alles falsch. Es gibt nur *ein* sicheres Mittel, das sofort jeden Seelenschmerz zum Verschwinden bringt: ein wurzelhautentzündeter Zahn. Wer ihn hat, wird es bestätigen: Nach einer

Viertelstunde hat man sämtliches übrige Leid der Welt vergessen. Wie gehts übrigens Ihrem Fünfer links unten? Dem überkronten, der neulich so komisch geziept hat? Spüren Sie heut nix? Oder ist es der Weisheitszahn, der schon lang raus soll? Irgendwas bitzelt da so merkwürdig, gell ja? Wie? Was sagen Sie? Alles, bloß das nicht? No, sehen Sie, es hat schon funktioniert! Allein der Gedanke an Zahnweh läßt alles andere erträglich werden. Und genau das zu erreichen, war die Absicht bei dieser Glosse.

Bautätigkeit

Die Bautätigkeit ist enorm wichtig. Nicht nur für die Menschen, die seit Jahren angeblich keine Wohnungen gebraucht haben, weil statistisch genug da waren, sondern auch für die Belebung der Wirtschaft. Und für jeden von uns. Dies allerdings meist im übertragenen Sinn, weil wir ständig etwas auf- und umbauen. Manche setzen lebenslang fleißig »Stein auf Stein« und merken gar nicht, daß sie sich dabei »einmauern«. Sie glauben, alles wäre »einsturzsicher«. Bis ihnen die »Decke« auf den Kopf fällt, so daß vielleicht sogar ein »Dachschaden« zurückbleibt. Und dann stehen sie da, mitten in den Lebens-»Ruinen«. Sie haben »auf Sand gebaut« – und das Ende ist in keiner Weise er»baulich«. Man müßte eben manchmal eine bessere »konstruktive« Lösung suchen. Für die muß freilich manches Alte »abgerissen« werden. Besonders dann, wenn man vorher »Mist gebaut« hat. Aber wer gibt das schon gern zu? Drum sprechen Baufachleute ungern vom nötigen »Abbruch«, sondern neuerdings lieber vom »Rückbau«. Das klingt noch positiver als das milde »abtragen«. Apro-

pos abtragen: beim Butterberg ist das jetzt fast geschafft. Seit er weit unter Preis verschleudert wird.
Aber schon ist ein neuer Berg da. Ein sehr kostbarer: ein Kinderberg. Vorerst ist es bloß ein Hügelchen. Aber das wird größer werden. Denn jetzt kommen die geburtenstarken Jahrgänge zum Heiraten und gelegentlich auch zu Kindern. Nicht alle Mütter aber wollen und können daheimbleiben. Denn ohne Geld kann man eben auch keine Familie »gründen«. Und deswegen fehlten nun Kindergartenplätze. Was tun?
Die Experten haben auch dafür eine bauliche Lösung vorgesehen: Sie wollen den Kinderberg »untertunneln«.
Wie das gehen soll? Ja mei . . . Genaueres ist noch nicht bekannt. Aber es muß eine Art Mischtechnik sein zwischen Bergbau und Tiefbau. Gelegentlich hört man bereits »bohrende« Fragen »vor Ort« und »tiefschürfende« Antworten. Irgendwas fällt unseren Experten bestimmt ein. Hoffentlich nicht gleich ihr ganzes unterirdisches Bauwerk. Aber wenn alles fachkundig »vorangetrieben« wird, ist nicht ausgeschlossen, daß irgendwann einmal »Licht am Ende des Tunnels« sichtbar wird.
Hoffentlich nicht erst dann, wenn aus dem Zwergerlberg ein Lehrlings-, Gymnasiasten- und Studentenberg geworden ist, der grad jetzt ebenfalls untertunnelt wird.
Wie? Womit?
Die Münchner Uni-Mensa soll als erstes eine Geschirrspülmaschine gekriegt haben. Was das für den Tunnel bedeutet? Wenden Sie sich um Auskunft vertrauensvoll an die Zuständigen.

Berühmtheit

Werden Sie auch manchmal gefragt, wenn Sie Ihren Namen nennen: »Wie war das? So? So heißen Sie! Sind Sie mit der vom Fernsehen verwandt?«
Dann ist Ihr Name vielleicht Kabel. Oder Krahl. Oder möglicherweise auch Koch. Und Sie müssen trotzdem bekennen: »Nein, leider nicht.« Worauf sich Ihr Gegenüber, sichtbar enttäuscht, mit der Bemerkung abwendet: »Schad. Die hab ich gern gesehen. Warum spielt denn die jetzt so wenig?« Wenn Sie auch darauf keine ausreichende Antwort wissen, haben Sie den Rest Ihres Renommees verloren.
Oder heißen Sie vielleicht gar Sedlmayr, Gottschalk, Fuchsberger? »Sie, dem müssen Sie unbedingt sagen, daß er . . . ah so, Sie kennen den gar net persönlich. Drum.«
Drum kann man nicht vorsichtig genug sein in der Wahl seiner Eltern. Kaum heißt man Schmidt oder Kohl, wird man schon für das halbe Regierungsprogramm verantwortlich gemacht. Selbst wenn man nicht verwandt ist mit den Herren, handelt man sich eine Portion Mißtrauen ein.
Vielleicht wählen Frauen auch deswegen gern einen Doppelnamen. Eine Bretzenbichler-Strauß wirkt so deutlich verfremdet, daß sie nicht als verschwägert mit der gleichnamigen Dynastie gelten kann. »Denn sonst hätt sie doch das ‚Bretzenbichler' weggelassen!«
Besonders gefährdet sind Träger weitverbreiteter Namen wie Fischer, Müller, Becker, Graf. Die kennt jeder! Hingegen können Sie unbesorgt sein, wenn Sie Kerdowansky oder auch Goethe heißen. Ein verstorbener Herr dieses Namens ist – wie eine Umfrage ergeben hat – den meisten Bundesbürgern nicht mehr bekannt.
In der Ehe mit einer Berühmtheit hat es der nicht oder weniger Berühmte immer schwer. Oder glauben Sie, eine Ministersgattin

kann mit der Frisur von vorvorgestern zum Einkaufen gehn so wie wir? Nicht jeder erträgt sein Beiwagenschicksal so heldenhaft wie angeblich Mister Thatcher.
Aber auch sein Selbstwertgefühl – oder ihr Ruf – verlangt gelegentlich nach Aufbesserung. Damit alle, die es nicht wissen, glauben können: »Alles o. k. bei Thatchers.« Dann gibt Maggie nach gehöriger Sicherheitsprüfung den Fotoreportern einen Termin. Sie stellt sich in Downingstreet an den Herd, eine neue Schürze vorgebunden ... »etwas knüllen bitte, damit sie benützt aussieht! Thanks!« ... und bereitet das Frühstück für den mild lächelnden Ehemann ... »Please, keep smiling, Mr. Thatcher!« Obwohl vielleicht auch Mr. Thatcher gelegentlich im Bademantel und mit einer Tasse Tee an ihr Bett tritt: »Some tea, Maggie? Gestern hats wieder lang gedauert mit dieser dämlichen EG. Trink! Das wird dir gut tun. Und nimm dein Kopfwehpulver. Ich laß schon mal das Badewasser für dich ein, darling.« Möglicherweise sind Berühmtheiten manchmal wirklich wie wir. Nur immer anders, als wir meinen.

Besucherstrom

Bayern ist nicht nur für Computer-, Chips-, Flugzeug- und Rüstungskäufer ungeheuer attraktiv. Es hat auch Sehenswürdigkeiten, die den Fremdenverkehr fördern. Stichwort: Neuschwanstein. Das muß man einfach gesehen haben! Das ist ungeheuer schön! Manche sagen zwar: mehr ungeheuer als schön. Aber das ist Geschmackssache.
Jedenfalls ziehen im Sommer Tag für Tag ungefähr 10 000–11 000 Besucher durchs Schloß. Hoffentlich bleiben sie alle schön auf

dem Teppich – denn sonst könnte man sich ausrechnen, wann das ganze Schloß bis zum Keller durchgetreten ist.
Wann aber verschimmelt es, weil es zu naß wird?
Denn naß wirds bestimmt. Schauen Sie: Der Mensch verliert täglich mit der Atemluft und durch die Verdunstung über die Haut circa einen Liter Flüssigkeit. Für Neuschwanstein ist das noch sehr gering angesetzt! Bis man hineinkommt, ist man schon schweißgebadet! Selbst wenn einem dann beim Anschauen die Luft wegbleibt, mindert das den Flüssigkeitsausstoß nicht wesentlich. Irgendwann muß man ja doch ausschnaufen. Und dann hängt der entsprechende Dampf im Schloß und schlägt sich als Wasser nieder. Und wieviel ist das?
Eine Berechnung ergibt: Wenn ein Mensch einen Liter Wasser pro Tag in die Luft jagt, dann sind das bei 11 000 Besuchern 11 000 Liter. Günstig ist lediglich, daß keiner 24 Stunden lang drin bleiben darf, sondern nur eine halbe. Also teilen wir die Flüssigkeitsmenge durch 48 oder einfacher durch runde 50: Sind immer noch 220 Liter Wasser pro Tag! 22 Kübel voll Wasser! Das ist sogar für ein größeres Schloß eine mittlere Überschwemmung.
Wenn man jetzt noch überlegt, daß über 6 Millionen Gäste pro Jahr die bayrischen Sehenswürdigkeiten bestaunen – dann brauchen wir gar kein Hochwasser mehr bis zum völligen Ruin der bayrischen Kultur. Sondern bloß Geld.
Und zwar allerhand. Denn das Eintrittsgeld reicht nicht zur Erhaltung. Runde 70 Millionen Mark pro Jahr muß die Verwaltung noch drauflegen, damit alles halbwegs weiterbesteht.
Aber das ist kein hinausgeworfenes Geld, sagen unsere Wirtschaftsexperten. Denn es kommt ja wieder viel herein mit dem Fremdenverkehr. So daß sich das Ganze auf jeden Fall lohnt.
Oder gehören Sie vielleicht zu jenen nachgerade exotischen Restexemplaren von Eingeborenen aus der xten echten Bayerngeneration? Dann werden Sie vielleicht anders darüber denken. Aber wir Bayern sagen sowas zartfühlenderweise nie. Oder nur, wenns gar nicht mehr anders geht.

784

Bronze im Anzug

Kunstkritiker und Sachverständige sind unzufrieden mit uns. Und wir mit ihnen. Kaum haben wir uns nach knapp dreihundert Jahren an unseren Rembrandt und seinen »Mann mit dem Goldhelm« gewöhnt, vermiesen sie ihn uns mit der Expertise: »Werk eines unbekannten Schülers«. Und wir sind entsprechend bockig und lassen uns nicht belehren. Wir werdens schon noch sehen! Bis wir endlich gelernt haben, die Beuyssche »Fettecke« zu bewundern, ist sie bestimmt wegen unerträglicher Ranzigkeit dem Genuß des Durchschnittsbürgers nicht mehr zugänglich. Das ist dann die Strafe! Wir sollten dankbar sein, wenn wir beizeiten durch die Verfremdung von Kunstwerken merken, daß es sie überhaupt gibt. Diesen Gefallen hat den Münchnern ein junger Modemacher eine Zeitlang getan: wochenlang nahm er Maß von nackten Statuen, schneiderte fleißig, und siehe: Am Wochenende standen sie im feschen Sonntagsgwand da. Ein nackter Bronzeriese bekam einen Smoking, eine reitende Amazone ein niedliches Sommerkleiderl und die Spaziergänger große Augen, als sie das sahen und fragten: »Ja, darf der denn sowas überhaupt machen?«

Nein! Dürfen darf er nicht! Auch der Besitzer eines Kunstwerkes darf nicht ohne weiteres dran rumbosseln, weil er damit die schöpferischen Rechte des Künstlers verletzt oder beeinträchtigt. So haben Richter bei Prozessen entschieden. Der brave Schneider aber ließ es so weit nicht kommen und nahm dank eingebauter Klettverschlüsse am Abend alles wieder weg.

Früher war das freilich anders. Ein frommer Mensch und Besitzer hochrangiger Kunstwerke bestellte einfach den Ausbesserer und kommandierte: »Übermalen Sie den sündigen Busen der Maria Magdalena mit einem sittlichkeitsfördernden hochgeschlossenen Mieder! Die marmornen Männer kriegen ein Feigenblatt. Wenns nicht drüberpaßt, muß man eben eine Kleinigkeit darunter wegnehmen.« Oft haben echte oder vermeintliche Moralisten den operativen Eingriff gleich selber erledigt. Daher fehlt manch steinernem Herrn bedauerlicherweise ein entscheidender Teil.

Auch heute hört man gelegentlich: »Bei der modernen Kunst kann man gar nicht genug zudecken. Je weniger man davon sieht, um so besser.« Die Experten aber wissen: Gerade dadurch kann ein Nicht-Kunstwerk zum Verhüllungs-Kunstwerk werden.

Echte Bayern sind – wen wunderts? – auch im Kunstverstand den anderen weit voraus. Seit ihr kunstsinniger König Ludwig Bilder und Plastiken in Pinakothek und Glyptotheken zur allgemeinen Betrachtung freigegeben hat, bleiben sie ihnen respektvoll fern. Denn was ließe sich heut für die Kunst Besseres tun, als daß man sie mit dem Staub der Schuhsohlen, dem Schweiß und der Atemluft der Betrachter verschont?

Christkindlmarkt-Nostalgie

Gehen Sie gern auf den Christkindlmarkt? Schon, gell. Nur fragt sich, auf welchen von den vielen. Die Auswahl wird immer größer. Der kleinste Ort hat einen, München sogar schon acht. Oder gibts mittlerweile noch mehr? Jedes Stadtviertel oder besser: Stadtachtel braucht seinen eigenen, damit man nicht so weit laufen muß, um sein Geld loszuwerden.

Außerdem ist es ungeheuer stimmungsvoll, wenn man Pullover, Madonnen, Unterhosen, Glühwein, Klöppelspitzen, Wärmflaschen, Lebkuchen, Blumenvasen, Grillwürste etc. im Freien

kaufen beziehungsweise trinken oder essen kann. Kalte Füße fördern erfahrungsgemäß den Umsatz bei Hustenguteln am Stand.
Das kann selbstverständlich die großen Warenhäuser nicht ruhen lassen. Deswegen veranstalten sie in ihren Palästen eingebaute Christkindlmärkte mit putzigen Buden. Statt der kalten Füße kann man sich hier Bakterien holen, die ebenfalls zum Kauf von Hustenguteln reizen.
Das allein genügt freilich nicht, um die geschäftsfördernde Nostalgie alter Märkte voll auszuschöpfen. Drum macht uns ein extra herbestellter Handwerker etwas vor. Und wir lassen uns doch so gern was vormachen, vor allem das, was es nicht mehr gibt. Für uns und für den Christkindlmarkt wird es zum Leben erweckt:
Der allervorletzte Holzschuhmacher, Kesselflicker, Besenbinder, Körbelzäuner wird aufgetrieben und möglichst in alte Museumstracht gesteckt. Daneben verbreiten Kunstgewerblerinnen, eingekeilt zwischen Quadratmetern voll industriell erzeugter Massenware, die Atmosphäre des kreativ Einmaligen. Spinnerinnen sitzen vor unverkäuflichen Bauernschränken, die gefüllt sind mit kratzigem Leinen und beißender Schafwolle. Und schon verspüren wir wieder das einstige Jucken der Kinderstrümpfe, nun aber in der Erinnerung selig verklärt. Knabenchöre vom Band übertönen stimmungsvoll das Piepsen der Computerkassen, wo wir berückt von der weihnachtlichen Aura für einen Strohstern, ohne zu zucken, den Saisonzuschlag von sechzig oder mehr Prozent erlegen. Denn wir sind ja schließlich moderne Menschen. Und deswegen haben wir die Wirklichkeit manchmal so satt, daß wir viel und gern für Illusionen und Träume bezahlen. Wie teuer uns das kommt, merken wir immer erst, wenn es zu spät ist.
Und das nicht nur nach dem Christkindlmarkt.

Das kleine Gespenst

Ob Sie jetzt den Parapsychologen glauben oder nicht: es gibt Gespenster. Und zwar nicht nur in England, wo sie von Immobilienhändlern mit den zugehörigen Schlössern und ungehörigen Preisen an reiche Amerikaner verkauft werden. Nein, es gibt Gespenster auch bei uns. Und zwar in jedem Normalhaushalt.
Eines hat der Dichter Christian Morgenstern namhaft gemacht: das Gespenst, das Taschentücher frißt. Es hat bereits unsere Mütter und Großmütter zur Verzweiflung getrieben, wenn die kleinen Rotznasen ungebremst flossen, weil das kleine Gespenst alle Schneuztücher verzehrt hatte. Bis auf jenes eine, das früher jedes Kind zum Nachweis der familiären Sauberkeit dem Lehrer vorzuweisen hatte. Weshalb es dieses kostbare Stück stets unbenützt in der Tasche trug.
Seit dieser Brauch mitsamt den Stofftaschentüchern abgekommen ist, hat sich das kleine Gespenst auf Papiertaschentücher umgestellt. Es frißt sie nicht nur, so daß auch moderne Kinder wie einst ihre Ahnen mit einem geschickten Handstreich oder mit dem Jackenärmel den Tropfenfall verhindern. Es versteckt die Papiertaschentücher obendrein so geschickt in Hosen, Blusen, Hemden und Pulloverärmeln, daß sie erst nach dem Waschen wieder auftauchen. Und zwar zum größten Teil als Wuzerl, die sich besonders gern in dunklen Stücken wie die Kletten einhängen. Mit dem Rest verstopft das kleine Gespenst das Sieb der Waschmaschine.
Besonders aktiv wird es beim Familienkatarrh. Seine Freßlust steigt ins Ungeheure. Selbst wenn Sie mit rinnender Nase sofort zum Einkaufen neuer Packl rennen, hat es bereits dafür gesorgt, daß ausgerechnet das Fach mit den Papiertaschentüchern leer ist. Oder nur mit jener harten Sorte gefüllt, von der Ihre Nase wund wird. Greifen Sie dann nach Orangen oder Zitronen, um wenigstens den Bedarf an den hilfreichen Vitaminen zu decken, so hat

das kleine Gespenst auch da die Finger drin. Sie können das Netz mit den Früchten kontrollieren und drehen, wie immer Sie wollen: Wenn Sie es zu Hause öffnen, ist bestimmt ein fauliges Stück dabei.
Selbstverständlich sorgt das moderne Hausgespenst auch dafür, daß Ihre Elektrogeräte im entscheidenden Augenblick den Geist aufgeben. Kaffeemaschine und Mixer streiken grundsätzlich dann, wenn die Gäste schon unter der Tür stehen. Der Staubsauger fängt zu spinnen an, wenn Sie mitten im Stöbern sind. Und sobald Sie an einem trüben Tag das Fensterputzen beginnen, kommt garantiert die Sonne heraus, so daß die Scheiben streifig werden. Erst wenn Sie damit aufgehört und alles weggeräumt haben, ist es wieder so verhangen wie vorher. Und alles bloß, weil das kleine Gespenst wieder einmal Unfug getrieben hat.
Sollten wir es vielleicht halten wie die alten Römer, die ihren Hausgeistern einen Altar errichteten und sie mit kleinen Opfern freundlich stimmten? Wo wir ohnehin an alles und jedes glauben, käme es darauf schon auch nicht mehr an.

Der fliegende Dackel

Warum soll ein Dackel nicht fliegen können? So ein Viecherl ist ja derart gescheit! Das wird Ihnen jeder Dackelbesitzer sagen. Das einzige, was der Hund zum Fliegen braucht, ist ein Ticket. Das kaufte ihm sein Herrle, ein Soldat der Bundeswehr, der befehlsgemäß nach Amerika umsiedeln mußte: mit Ehefrau, Möbeln und Hund. Alles bezahlte der Bund, bloß nicht das Dackelbillett, das immerhin 1300 Mark gekostet hatte. Also klagte der Mann auf Dackeltransportkostenersatz beim Oberverwaltungsgericht Münster.

Schneidig, gell, was sich unsere Soldaten alles traun! Aber er hat nicht recht gekriegt, zumindest nicht so, wie es ihm gepaßt hätte. Das Gericht hat entschieden: Ein Dackel gehört nicht zum Umzugsgut eines Soldaten. Denn wo käme der Bund hin, wenn er sich angesichts der Artenvielfalt heute üblicher Haustiere bei Auslandsumzügen auch noch mit Tiertransporten und den Fragen der jeweiligen Impf- und Quarantänebestimmungen befassen sollte? Und überhaupt kriegt der Soldat sowieso einen Auslandszuschlag, mit dem er auch sein Dackelbillett zahlen kann! Jawohl!

Jetzt steht man da, als Laie, und muß wahnsinnig vorsichtig sein, wenn man mitreden will! Sonst kriegt man sofort von den Juristen und vom Militär eins auf den Deckel. Aber nachdenken darf man schon, oder? Zum Beispiel: ob ein paar Container transportierte Möbel billiger kommen und schwerer ersetzbar sind als ein kleines treues Hunderl? Und ob es wirklich so viel soldateneigene Viecherl gibt, daß unsere gescheiten Herren von der Hardthöhe keinen Durchblick mehr haben könnten? Ums Impfen könnte sich doch der Besitzer selber kümmern. Und ob die Auslandszulage für den Dackeltransport bestimmt ist, weiß unsereins natürlich auch nicht. Da müßte man Bestimmungen studieren. Aber ob das nicht schon Spionage ist? Man kann nicht vorsichtig genug sein!

Jedenfalls: 1300 Mark ausgeben oder nicht bedeuten 2600 eingesparte Mark für unsere Bundeswehr. Das kann uns doch nur recht sein, wenn die Herren weniger ausgeben. Auch beim Fliegen! Und gar beim Tieffliegen. Was man für dieses Geld Dackel fliegen lassen könnte! Vielleicht kommts noch so weit.

Denn gescheit genug sind sie. Die Dackel.

Der kleine Unterschied

Vieles unterscheidet Frauen von Männern. Das weiß auch der Laie. Ein eifrig forschender, unvergessener Doktor Dings ... – der Name ist mir leider entfallen – hat aber noch einen weiteren kleinen Unterschied nach vielen Messungen herausgefunden: Die Frauen haben den kürzeren Daumen.
Daraufhin empfahl er den Mädchen, keinen technischen Beruf zu ergreifen, bei dem der längere männliche Daumen unerläßlich und dringend nötig ist. Die aber hielten sich nicht an seinen Rat, ließen sich trotzdem zu Mechanikern ausbilden und schlossen bei den Prüfungen sogar besser ab als die Burschen: ein Zeichen des typisch weiblichen Eigensinns, der im Gehirn verankert ist. Das ist übrigens bei den Frauen ebenfalls kleiner als bei den Männern.
Triumphieren Sie, lieber Leser? Zu früh! Denn Gehirngröße und -gewicht spielen für die Denkfähigkeit keine Rolle. Die Leitungs-, Kontakt- und Verknüpfungsstellen darin sind so unerhört zahlreich, daß sie lebenslang nicht ausgeschöpft werden können, ungeachtet der Masse, die man im Kopf hat.
Nun hat obendrein ein Arzt herausgefunden, daß Frauen auch weniger unter Lärm leiden als Männer. Er hat Gehörschädigungen nach Diskothekenbesuchen gemessen und entdeckt: Den Mädchen schadet der Krach seltener und weniger.
Unerforscht ist die Ursache dieser Unempfindlichkeit. Haben Mädchen schon von klein auf das Weghören erlernt, weil in sie viel mehr hineingeredet wird als in die Buben? Hat ihnen die Natur in weiser Voraussicht ein dickeres Trommelfell beschert, so wie sie auch seelisch das dickere Fell haben, belastbarer sind und weniger schmerzempfindlich? Oder handelt es sich lediglich um eine frühkindliche Abstumpfung des Hörorgans? Oder sollte vielleicht doch etwas mit der geistigen Leitung und Leistung nicht ganz stimmen? Schließlich müssen Sinneseindrücke

immer erst über das Gehirn laufen, damit sie wahrgenommen werden. Die Wissenschaft weiß leider noch nichts Exaktes zu sagen. Dem Praktiker genügt die Tatsache der größeren weiblichen Lärmresistenz. Er schließt daraus: Frauen sind vorzüglich geeignet zum Ertragen von Kindergeschrei, Staubsaugerbrummen, Teekesselpfeifen und anderen mit Geräuschen verbundenen Hausarbeiten. Im Beruf zeigt sich: Man kann ihnen Schreibmaschinenklappern, Computer- und Kassenpiepsen ebenso zumuten wie Lärm bei einfachen Arbeiten in Fabrikhallen.
Der Mann hingegen ist mehr für stille Tätigkeiten geeignet: als Professor zum Studieren, als Forscher zum Sinnieren, als Chefarzt zum Operieren, als Direktor zum Dinieren und als Abgeordneter gelegentlich auch zum Schlafen. Das alles wird durch Erfahrung bewiesen und sogar durch Fernsehaufzeichnungen belegt.
Bisher.
Denn wetten: die Frauen sind auch da wieder amal derart eigensinnig, daß sie so lang an ihrer Gleichberechtigung und ihren Quoten festhalten werden, bis sie recht kriegen.

Doppel-Ich

Psychologie ist als Wissenschaft schwierig bis umstritten. Manche bereiten sie aber liebenswürdigerweise gern für unseren laienhaften Hausverstand passend auf.
So hat ein professoraler Pädagoge und Freizeitforscher in jedem von uns nicht nur *ein* »Ich«, sondern sogar zwei entdeckt. Das eine ist das private, das andere ist unser Arbeits-Ich. Als lei-

stungsbewußter Bundesbürger gibt der Herr Professor diesem Arbeits-Ich sogar die Nummer eins, obgleich es doch nur 200 Tage im Jahr beschäftigt ist. Hat er ausgerechnet. An die berufstätigen Frauen mit Kindern und Haushalt hat er wahrscheinlich grad nicht gedacht. Sowas kann einem Mann leicht passieren. Deswegen ist es dringend nötig – meint er –, daß wir alle unser zweites Ich, unser Privat-Ich, unser Freizeit-Ich entwickeln. Damit sollen wir die Bedürfnisse und Wünsche befriedigen, die während der Arbeit zu kurz kommen. Das heißt natürlich nicht, daß wir hernach bloß per Video die versäumten Fernsehsendungen nachholen. Nein, wir sollen eine »erlebnis- und aktionsorientierte Freizeitgestaltung« entwickeln. Sagt der Herr Professor.
Und er weiß schon das Endergebnis: Wir kriegen eine neue Identität! Die entsteht freilich auf höchst komplizierte Weise aus dem ersten und dem zweiten Ich, das sich zu einem Gesamt-Ich verbindet. Die Berufsleistung wird darin gepaart mit einem »sozioökologischen Gewissen«, einer »freizeitkulturellen Phantasie« und einer »weltpolitischen Verantwortung«. Raffiniert, was?
Ob wir mit der Übernahme »weltpolitischer Verantwortung« nicht ein bisserl überfordert sind? Selbst wenn unsereiner mögen möcht, wer läßt einen schon dürfen? Unsere »freizeitkulturelle Phantasie« hingegen könnten wir schon eher anstrengen. Man müßte eben einmal im Urlaub . . . also . . . zum Beispiel . . . irgendwas anderes unternehmen . . . sagen wir . . . dings . . . noja, da fällt uns dann schon was ein.
Am leichtesten könnten wir unser »sozio-ökologisches Gewissen« befriedigen. Wir müßten bloß im Wald unseren Abfall nicht wegwerfen, und schon wäre der Ökologie gedient. Und wenn sich daraufhin der nächste nicht ärgern muß, ist auch unser soziales Gewissen beruhigt.
Das Ganze kann beim Stau der Autobahn eingeübt werden, sagt der Professor. Da haben wir wunderbar Zeit, um alle seine Rat- und Vorschläge nachzulesen. Denn er hat extra dafür eine »Autoschlangen-Stau-Zeitung« herausgegeben. Was, die kennen Sie nicht? Wieso? Sind Sie nie im Stau? Wieso nicht? Was, Sie waren

im Heimgarten? Auf dem Balkon? Faul ausgestreckt im Liegestuhl? So?
Ja, dann müssen Sie mit ihrem ungedoppelten Ich ganz ohne den Herrn Professor zurechtkommen. Und es sieht glatt aus, als wäre Ihnen das tatsächlich möglich. Gratuliere.

Druckerstreik

Nicht, daß ich in Ihre Intimsphäre eindringen möchte. Ich frag ja nur, wie Sie frühstücken können, wenn die Drucker streiken und keine Zeitung kommt. Oder wenn bloß ein mageres Blättchen durch den Türschlitz segelt, statt daß eine pfundige Nummer mit dem satten Klang des umfangreichen Inseratenteils herunterklatscht. Ein solcher Streik trifft nicht nur Arbeitgeber und Arbeitnehmer tief ins Mark und in die Mark, sondern jeden leidenschaftlichen Zeitungsleser.
Das Wichtigste ist zwar immer zu erfahren, notfalls über Funk oder Fernsehen. Aber das kann uns niemals den Unterhaltungswert der Kleinanzeigen ersetzen!
Lesen Sie gern die ganz privaten, wo das Spatzerl seinen Bärlibutzi grüßt? Mei, liab, gell! 264 Tage kennt er sie und sie ihn und wir jetzt alle beide. Sowas bereichert menschlich enorm! Aber was ist, wenn gestreikt wird? Kann sich der Biwi mit seiner Püppi versöhnen, wenn er nicht lesen kann: »Tut mir leid! Alles o. k. Bussi!« Und was passiert ohne die Kleinanzeige: »Alles Gute zum zweiten Geburtstag unserm lieben Stammhalter Heinz-Ulrich-Waldemar, genannt Pimperle – deine Eltern Heinzgeorg und Ulrike.« Hm? Nix passiert! Weil die lieben Großeltern eben nicht daran erinnert werden, daß sie bei der Gelegenheit das Sparbuch auffüllen sollen.

In der Normalausgabe hätte man uns gewarnt vor dem Jonny mit dem neuen Führerschein. So aber stürzen wir völlig ahnungs- und anzeigenlos zwischen die übrigen 34421318 Fahrzeuge. Zudem fehlt unserer Phantasie das gewohnte Futter. Die springt doch sonst sofort an, wenn wir vom »Brautkleid, nie getrag., preisw.« lesen oder vom »Biederm.Sofa wg. Erbf. zu verk.« Wir fragen uns, warum das »frz. Doppelbett, tadell. erh., preisg. abzug.« ist. Aber was fragen wir uns ohne Anzeigenteil? Nix! Ja, sieht denn niemand die Gefahr, daß dabei unser Forschergeist ermüdet, unsere Einfühlungsgabe erlahmt, unsere Mitmenschlichkeit verkommt?

Vermutlich hat in den streikverkürzten Ausgaben auch sonst manches gefehlt, was uns durchaus interessiert hätte. Was ist eigentlich aus dem Krokodil geworden, das damals seinem Herrn den rechten Arm abgebissen hat? Er hat es liebevoll aufgenommen, so weit, so gut. Aber was war mittlerweile mit dem linken Arm? Man weiß ja nichts!

Möglicherweise hat sich inzwischen auch das Monster im Moor von South Carolina im Nebel aufgelöst, und wir werden es nie, nie mehr erfahren. Weil Nachrichten von gestern schon heut nicht mehr viel wert sind. Und übermorgen gar nichts.

Vielleicht sind uns sogar ganz wichtige Dinge ausgekommen: Daß sich zum Beispiel die in Brüssel ganz unerwartet auf die Einheitsgröße von Eidottern geeinigt haben. Muß sein! Damit in jedem zukünftigen Eurobisquit nicht nur gleich viel Eier, sondern auch gleich viel Dotter- und Eiweißanteile enthalten sind. Nur so kommen wir zu europaverbindenden, grenzüberschreitenden Eierbackwaren beim kommenden Binnenmarkt. Immerhin können wir hoffen, daß nicht allzuviel versäumt worden ist von den mangelhaft informierten Hühnern. Die brauchen zur Eierinhaltsvereinheitlichungsanpassung sowieso längere Zeit. Wenn auch nicht so viel wie die Brüsseler zur Beratung.

Noja, es wird schon irgendwie werden. Wenn nur die Zeitung wieder, wie gewohnt, schön füllig auf dem Kaffeetisch liegt.

Einweghandschuhe

Die Idee ist großartig. Oder glauben Sie, man hätte uns Autofahrern andernfalls die Einweghandschuhmitnahmepflicht verordnet? So schützt uns ein fürsorglicher Vater Staat vor AIDS, wenn wir bei einem Unfall Hilfe leisten.
Wie groß dabei die Ansteckungsgefahr ist? Gemessen an der Gesamtbevölkerung steht die Möglichkeit, einen Infizierten zu treffen, derzeit bei etwa 2000 : 1.
Wie bitte? Sie treffen nie 2000 Verletzte? Aber vielleicht gerade den einen? Zwar können Sie sich nur dann infizieren, wenn sein Blut in Ihre offene Wunde gerät. Und selbst das gilt lediglich theoretisch. Praktisch ist noch kein derartiger Fall bekannt. Aber man kann nicht vorsichtig genug sein. Und wenn wir nun zwei Paar Handschuhe überstreifen ...
Nein, zwei Paar gleichzeitig geht nicht. Doch können wir auch mit einem Paar ganz sicher sein, daß ... ?
Nein. Ganz sicher nicht. Haben Sie auch gelesen: diese Einweghandschuhe sind nicht virusdicht und nach längerem Schaben und Reiben und Liegen im Verbandskasten wohl noch weniger? Und liegen können Sie so lang wie unsere fünf Dreieckstücher, von denen wir jetzt allerdings nur noch drei mitnehmen müssen. Haben Sie die Ihren eigentlich schon einmal benützt? Oder kennen Sie jemanden, der einen so vielfach Verletzten mit fünf Dreieckstüchern zusammengefaßt hat? Schon beim Gedanken daran sträuben sich einem Unfallarzt sämtliche Haare.
Fragen Sie sich also vielleicht auch: Warum hat man uns dann seinerzeit überhaupt so viele Tücher vorgeschrieben? Könnte die Lobby der Textilindustrie dahinterstecken? Wenn für 35 Millionen Fahrzeuge insgesamt 175 Millionen Tücher gekauft werden müssen, dann ...
Dann müßten Sie jetzt wohl fragen, ob diesmal eine geschickte Mafia von Einweghandschuhverkäufern am Werk war, die uns

140 Millionen Stück eines mangelhaften Produktes untergejubelt hat, ohne daß Qualität der Ware und Sinn der Aktion von den Zuständigen genügend überprüft wurden.
Sprechen Sie solche Gedanken keinesfalls aus! Das kann furchtbar ins Auge oder vielmehr in die Prozeßkosten gehen, wenn Sie Firmen oder gar Amtsträger derart verdächtigen! Ich würde das nie wagen. Niemals! Schon damit nicht sämtliche Handschuhe auf unsere Kosten TÜV-überprüft oder vierteljährlich durch neue ersetzt werden müssen, die wir ebensowenig brauchen.
Nein, wir schweigen eisern. Außerdem, wer sagt denn, daß die Handschuhe nicht trotzdem wirken?
Kennen Sie die Geschichte von dem Mann, der unter die Räuber fiel und blutend liegen blieb, bis endlich der barmherzige Samariter kam, der ihm half? Nun können wir einen modernen Schluß dazu erfinden, etwa so:
Während sich der Samariter über ihn beugte, um seine Wunden zu verbinden, ertönte eine Stimme: »Pfui! Nicht berühren! Ansteckungsgefahr.« Da wich auch dieser letzte Samariter zurück. Fortan aber durften alle Neugierigen ohne Einweghandschuhe endlich mit reinem Gewissen einem Verletzten beim Verbluten zusehen. Schmunzeln kann man darüber allerdings nicht.

Emanzipation

Eines ist jedem modernen Menschen klar: Emanzipation ist heutzutage unbedingt nötig. Für die Männer. Sonst werden sie glatt von den emanzipierten Frauen überrundet.
Die Älteren sind zwar – was man so hört – in Sachen Emanzipation weniger aktiv. Aber der aufgeschlossene Jungmann ist voll dabei! Haben Sie vielleicht auch so einen daheim, der alle bisher

typisch weiblichen Arbeiten mit links verrichtet? Jedenfalls im Prinzip. Und wenn er mag. Aber dann gehts auf! Und nicht bloß beim Kochen wie schon bisher oft. Nein, mancher räumt hernach sogar eigenhändig das verpatzte Geschirr weg. Wenn er muß.

Und das ist nur eines von vielem. Auch die Wäsche übernimmt er. Und nicht nur höflicherweise das Waschkorbtragen! Er entwickelt vielmehr endlich einmal ein arbeitserleichterndes, technisch fein durchdachtes Waschsystem: Er mischt weiß und bunt in der gleichen Trommel und erzielt damit ein einheitliches Blaugrau. Fürderhin entfällt das aufwendige Sortieren.

Manche emanzipierten Männer wagen sogar öffentlich Wäsche aufzuhängen! Dies mit Hilfe ihres einzigartigen geometrisch-mathematischen Verstandes, wie er nur dem männlichen Gehirn eigen ist. Denn daß die Frauen beim Stück-neben-Stück-Aufhängen viel zu viel Platz auf der Leine brauchen, sieht ja ein Blinder! Wenn man hingegen drei Unterhosen übereinander hängt, spart man Platz, Zeit und Wäscheklammern. Das ist rechnerisch leicht nachzuweisen. Ganz Geniale werfen das Glump sogar mit einem Schwung ohne Klammern drüber. Wenn dann ein Wirbelsturm alles wegreißt, waren eben die Meteorologen schuld – vermutlich sogar diese emanzipierten Meteorologinnen!

Auch beim Abstauben ist mancher Mann durch seine physikalischen Kenntnisse seiner Partnerin weit überlegen. Darum wischt er alles mit einem einzigen nassen Lappen. Das bindet nachgewiesenermaßen die Materie. Und zwar wochenlang – selbst an die beste Politur. Hinfort mahnen graue Schlieren die glückliche Partnerin daran, ihn immer wieder dafür zu loben. Denn Lob ist für den emanzipierten Mann besonders wichtig. Davon kann er gar nicht genug kriegen! Weil er sonst nämlich seine Dingsda nicht findet ... seine ... wie heißts denn gleich wieder ... no ... seine Identität! Jawohl! Immer mehr Männer sind nämlich auf der Suche danach. Sogar gruppenweise! Hört man oft. Wie die männliche Identität ausschaut? Das weiß man nicht so genau. Und darum tun sich die Männer auch so furchtbar schwer mit dem Suchen. Und mit dem Finden schon gleich gar.

Deswegen, meine Damen, müssen wir unsere gutwilligen, emanzipatorisch bemühten Männer in jeder Weise unterstützen. Also immer was Gutes für sie kochen, die Wäsche in Ordnung halten, die Anzüge bügeln, das Bett richten, die Hausschuhe und die Kopfwehtablette bereithalten, wenn sie heimkommen, später zum festlichen Abendessen ein Kerzerl anzünden, auftragen, abtragen, kurzum: den Mann auf Händen tragen.
Ach, Sie meinen, das wär dann genauso wie früher mit dem unemanzipierten Mann? Mei . . . ganz wie Sie meinen.

Energiesparen

Erinnern Sie sich noch an die fürchterliche Drohung: »Ohne die Kernkraft gehen die Lichter aus!« Das ist vorbei. Mittlerweile sind uns ganz im Gegenteil über die Kernkraft mehr Lichter aufgegangen, als uns lieb ist.
Mancher würde sehr gern Energie sparen. Nur die Energieerzeuger nicht. Sie verbetteln ihren überflüssigen Atomstrom zu Dumpingpreisen und lassen uns auf dem strahlenden Müll sitzen.
Möglichkeiten zum Energiesparen gäbe es viele. Etwas übertrieben ist vielleicht der Versuch eines Briten. Er hat bei einer Wohltätigkeitsveranstaltung auf dem Londoner Flughafen Heathrow ein Überschallverkehrsflugzeug allein mit seiner Muskelkraft in Bewegung gesetzt. Freilich nicht in der Luft, sondern nur am Boden hat er eine Concorde 12 Meter weit gezogen. Der Wettkampf zwischen 109 Kilo Mensch und 91 000 Kilo Flugzeug endete 1 : 0.
Schade, daß Mister Gauder – so heißt der junge Mann – für das Energiesparen wahnsinnig viel Energie braucht. Täglich ißt er 25

Eier, fünf Pfund Bananen, ein Hendl, zwei große Steaks mit Pommes frites und trinkt dazu dreieinhalb Liter Milch! Das wird zwar seinem Agrarminister guttun, aber nicht seiner privaten Haushaltskasse. Wenn man obendrein bedenkt, daß Mr. Gauder seit Jahren so viel ißt, aber bisher nur ein einziges Mal ein Flugzeug gezogen hat, dann muß das Fliegen dagegen direkt als energiesparend bezeichnet werden.
Noch sparsamer wäre freilich, wenn die Fluggäste von vornherein nur zu Fuß gingen. Auch segeln oder rudern könnte nützen. Dann bräuchte man weder die Concorde, die schon bei der Herstellung entsetzlich viel Energie schluckt, noch die Unmengen Kerosin zum Fliegen! Statt dessen könnte man laufend beziehungsweise stehend Energie gewinnen: Auf dem Flughafen stünden bald Schwammerl – das englische Klima ist ideal dafür. Rebhendl und Wachteln könnten herumspazieren und das Naturfutter energiesparend in Fleisch umsetzen. Zarter Vogelgesang erübrigte in der Stille jeden elektrischen Verstärker.
Und was man sonst noch alles sparen könnte: die Ärzte, weil der ganze Streß beim Einchecken entfiele; die Tabletten gegen Flugkrankheit und gegen die Magenverstimmung, die man sich bei der eiskalten Flugzeugbrotzeit immer holt. Beim Wandern dagegen bleibt jeder gesund! Die Stimmung steigt, der Blutdruck sinkt. Und die paar Plattfußeinlagen könnten sich die Kassen leicht leisten. Das halbe Kostendämpfungsprogramm wäre überflüssig.
Wahrscheinlich unterbliebe auch manche Konferenz, zu der heute ganze Völkerschaften von Gipfel zu Gipfel fliegen: mit Ministern, Mitarbeitern, Zuarbeitern, Bewachern und Journalisten. Sie könnten sich doch auch telefonisch das mitteilen, von dem sie schon wissen, daß der andere nichts davon wissen will. Und wenn sie das auch nicht wissen, dann könnten wir uns vielleicht sogar die Politiker sparen, die . . .
Nein! Da sieht mans wieder, daß man auch die edle Sparsamkeit nicht übertreiben darf. Denn vermutlich könnten wir uns so viele Frühpensionäre – sparsam, wie wir dann wären – gar nicht leisten.

Entenfüttern

Wissen Sie, warum die Menschen Enten füttern? Bei Brat-Enten ist der Zweck klar. Sie dienen unserer Ernährung und der Erzeugung von Übergewicht, Verdauungsbeschwerden, Sodbrennen und so weiter. Aber um die geht es hier nicht, sondern um die Zier-Enten, zärtlich auch Anterl genannt.
Warum füttert der Mensch, der Parkbesucher sie so gern? Aus Tierliebe? Weil die armen Viecherl Hunger haben? Ausgeschlossen. Der Tierliebhaber würde sie im Gegenteil bewahren wollen vor übermäßigem Genuß alter Lebkuchen und übriggebliebener Weihnachtsplatzerl. Zudem sterben Parkenten nie aus Hunger, sondern höchstens an Überfütterung.
Oder rechnen wir trotzdem mit der dankbaren Zuneigung des Tieres? Ah wo. Eine Ente wedelt doch nicht begeistert mit dem Schwanz wie ein Hund. Sie verschlingt ohne sichtbare Gemütsbewegung, was ihr vor den Schnabel fällt.
Handelt es sich mehr um eine Art Recycling, um Verwertung von Altbrotbeständen? Nicht durchwegs: es werden auch frische Semmeln verfüttert. Außerdem haben wir ohnehin kaum Hemmungen beim Wegwerfen von Eßbarem.
Auch die modische Pflege eines Teich-, See- oder Flußbiotops kann nicht der Grund fürs Bröckerlverteilen sein. Denn die Brot- und Entenfülle ist keineswegs naturfreundlich, sondern verwandelt jedes Gewässer in eine Güllegrube.
Ja, Herrschaftzeiten, irgendwas muß uns doch zum Anterlfüttern treiben! Aber was?
Haben Sie schon einmal beobachtet, nach welchem Prinzip wir dabei vorgehen? Da heißt es nicht wie im wirklichen Leben: »Wer hat, dem wird gegeben.« Sondern: »Du gehst weg, du hast schon was! Du brauchst nichts mehr. Du bist sowieso so dick. Jetzt kommt die Kleine dran, die noch gar nichts hat. Die traut sich nicht her. Die muß was kriegen!«

Es handelt sich also offenbar nicht um die Ernährung von Wasservögeln, sondern um die Einführung himmlischer Gerechtigkeit auf Erden. Endlich einmal kriegen die Bescheidenen was, die Armen, die Mickrigen. Die fetten Vordrängler gehen leer aus.
Aber . . . das ist ja eigentlich eine Umverteilung von Gütern zugunsten der Bedürftigen: Sollten wir vielleicht insgeheim Neigungen zu sozialistischer Gleichmacherei in unserem kapitalistischen Busen hegen?
Dann hör ich lieber auf, bevor der Verfassungsschutz das Entenfüttern als revolutionären Modellversuch mit kommunistischem Hintergrund entdeckt.

Export

Der gemeinsame EG-Binnenmarkt rückt drohend näher. Wer weiß, was da alles reinkommt zu uns nach Reisbier und Sojawurst. Schrecklich! Heißts.
Und wie gehts den anderen? Genauso! Die Engländer trinken schon lang deutschen Wein! Am liebsten Liebfrauenmilch. Oder Liebfraumilch, wie es dort auf den Etiketten heißt. Wo die verdächtig vielen Liebfrauen herkommen? Mei – sicher ist nur: per Schiff.
Mit Schnaps ists allerdings schwieriger. Weil die Engländer nur Whisky, Gin oder Cognac für trinkbar halten. Ob sich die einmal den echten Zwetschgengeistrausch angewöhnen? Vielleicht wenn man ihn »Zwetschgen-Europa-Geist« nennt? Das deutsche Pils hingegen läuft in England schon jetzt sehr gut. Man muß ja nicht unbedingt bekanntgeben, daß echtes Pils aus Pilsen in der Tschechoslowakei kommt.

Manches allerdings lassen sich die Briten nicht zumuten. Quark zum Beispiel ist für sie absolut ungenießbar. Für uns Bayern zwar auch. Aber wir essen dafür wenigstens den Topfen, was aufs gleiche hinausläuft.
Dagegen hat sich der Joghurt drüben blendend eingeführt, zumal er den Transport sehr gut verträgt: vermutlich, weil die guten Milchbakterien ohnehin abgetötet werden, was dem Fertigprodukt ein nahezu ewiges Leben verleiht.
Beim Brie aber ist es anders. Seine edlen Schimmelpilze sind auf dem Transport bei falscher Lagerung leicht umzubringen. Aber vielleicht essen ihn die Briten gerade deswegen so gern, weil ein solcher Brie nicht mehr wie Brie schmeckt.
Auch wenn die Nahrungsmittel – oder sagen wir lieber: die Konsumprodukte – EG-einheitlich normiert werden, die Geschmäkker sind vorerst noch verschieden. Und die Kochkünste auch. Darum wundern sich die Briten, daß sich unsere Heringe mit Tomatensoße in Dosen nicht gut aufwärmen lassen, daß sich unser Brot nicht zum Toasten eignet und der westfälische Schinken nicht zum Grillen. Aber sie werdens schon noch begreifen, wenn sich erst einmal der gesamteuropäische Speisezettel durchgesetzt hat. Ob der uns paßt? Warum nicht?
Seit es Hamburger und Cola gibt, ist bewiesen: der Mensch gewöhnt sich an vieles. Selbst wenns noch so greislich schmeckt.

Faschingsvergnügen

Was ist das größte Faschingsvergnügen eines echten Münchners? Richtig: das Granteln. Er betreibt es zwar ganzjährig. Aber als Kontrastprogramm zu der albernen Gaudi da droben in Köln und Mainz freut es uns besonders.

Deswegen sitzen wir auch vor dem Fernseher und passen genau auf, damit wir am nächsten Tag sagen können: »Das war wieder einmal ein Schmarrn! Noja – Preißn!« Wobei Preußen alle andern sind außer uns selber.
Weils auch wahr ist! Neumodisches Zeug!
Aber warum freuen wir uns nicht über die hiesige Tradition? Die gibts noch! Jawohl! Sie haben doch sicher auch die Bilder gesehen von den großen Repräsentations-Faschingsbällen? War das nicht wunderschön: Die weißgekleideten Debütantinnen auf ihrem ersten Ball! Diese süßen Mädel mit dem Biedermeiersträußerl in der einen und dem eleganten Jüngling an der anderen Hand! Wie in der guten alten Zeit, wo die Jungfrauen mit ihrem ersten Walzer in die feine Gesellschaft und auf den Heiratsmarkt gebracht worden sind. Wer mosert da schon wieder, daß die vermutlich schon längst sämtliche Männer in sämtlichen Discos auswendig kennen? Und von wegen feine Gesellschaft, da fehlts ja meilenweit, weil ...
Nur kein Neid! Freuen wir uns lieber auch noch darüber, daß wir nicht auf dem bekannten Galaball waren. Wer weiß, was uns alles erspart geblieben ist!
Man hörts doch immer wieder: Da zahlen die Besucher ein paar tausend Mark Eintritt pro Familie – von den Maßanzügen für den Papa und die Söhne gar nicht zu reden. Unter 5000 Mark pro Stück ist doch da gar nix drin. Und dazu die Abendkleider für die Damen. Und dann ruiniert ein leichtfertiger Arbeitsloser durch den Wurf von fünf rohen Billig-Eiern die ganze Pracht! Verständlicherweise ist da die Freude bei den Herrschaften schon geschmälert. Auch der Champagner für 600 Mark die Flasche kann nicht mehr alles korrigieren. Zumal wenn die ganze Investition nix nützt, weil das Töchterl nicht den wohleingeführten Generaldirektor, sondern irgendeinen parteifremden Hungerleider heiratet.
Und dann kommen die Bedauernswerten heim, und was ist? Weg ist sie, die Gemäldesammlung. Und der Safe ist aufgebrochen! Die restlichen Brillanten, für die auf der werten Gattin kein Platz mehr war, fehlen! Ist das nicht traurig?

Wie glücklich können dagegen wir sein! Uns kann sowas überhaupt nicht passieren. Also: genießen wir doch den Fasching! Zumindest bis zum Aschermittwoch. Denn der kommt für jeden.

Fastenkur

Machen Sie auch regelmäßig Ihre Fastenkur? Das Regelmäßige ist dabei ausschlaggebend. Denn nur, wer immer wieder abnimmt, kann auch immer wieder zunehmen. Und je mehr Sie abnehmen, um so mehr nehmen Sie zu, sagen uns neuerdings die Experten. Das leuchtet ein! Stellen Sie sich nur vor, wie verdutzt Ihr bisher wohlernährter Körper vor einer Mahlzeit mit drei Salatblättern und einem halben Ei steht! Bei der nächsten Miniportion gerät er bereits in Panik und sieht sich dem Hungertod ausgeliefert. Sofort alarmiert er sein Hilfssystem: »Fettzellen entleeren – Nahrungsauswertung steigern!« Von da an holt er aus jedem Bröserl selbst die letzte Kalorie. Wenn Sie in Joule rechnen, macht er sogar viermal so viel daraus.
Dieses Auswertungssystem behält Ihr Organismus bei, wenn Sie wieder normal essen. Worauf diesmal Sie in Panik geraten, wenn die Waage mehr anzeigt als je zuvor. Und dann greifen Sie wieder zu den Salatblättern – diesmal nur zu zweien . . . Fortsetzung folgt.
Erzeuger einschlägiger Fastenmittel und Kurkliniken verdanken diesem Endlosverfahren ihre Umsätze. Und wir die Erkenntnis, daß an den Rezepten irgend etwas falsch sein muß.
Vielleicht probieren Sie einmal ein altbayrisch-christliches. Es ist billig, einfach und wirkungsvoll.

Als erstes verzichtet man auf den überreichen Genuß von Fleisch. Man nimmt keine »blöde Kuh« mehr in den Mund, keine »dumme Gans«, keinen »alten Esel«. Nicht einmal den »Vogel« muß man sich zeigen. Und schon sind massenhaft seelische Cholesterinwerte eingespart. Gar, wenn man keinem die Butter vom Brot nimmt. Lieber schneidet man sich doch selber den Speck aus den Rippen. Gänzlich fleischlos muß man aber bei dieser Fastendiät nicht leben. Vieles darf einem jetzt »Wurst« sein, worüber man sich sonst aufregt.

Bei Obst und Gemüse läßt man Unbekömmliches weg wie die »damische Dotschn«, wahlweise auch die »gscherte Ruabn«. Feigen und Nüsse in Form von Ohrfeigen und Kopfnüssen meide man strikt.

Sollte die ungewohnte Enthaltsamkeit zu seelischen Verstopfungserscheinungen führen, sind zur Erleichterung gelegentlich gedörrte Birnen erlaubt, wie sie im altbayrischen »Kletzensepp« zu finden sind. Auch ein »komischer Zwetschgenkrampus« schafft die zuweilen nötige Erleichterung.

Hauptnahrung ist das Süße: vor allem viel süße Liebes- und Lobesworte, die jedem nuntergehen wie reines Öl mit gesunden Fettsäuren. Dazu noch viel Zuckerbrot – aber ohne Peitsche. Beim Würzen muß man vorsichtig sein: Also nicht überall den eigenen Senf dreingeben, keinem was hinpfeffern, aufpassen, daß nirgends Wermutstropfen hineinfallen. Und vor allem keinem die Suppe versalzen! Abgerundet wird die seelische Fastenkost durch die »Milch der frommen Denkungsart« unter Verwendung eines Charakters von reinstem Wasser.

Dank dieser Kost wird jeder – und sogar der liebe Nachbar – innerlich gesund: keiner hat schwer daran zu kauen. Keiner beißt sich daran einen Zahn aus. Nichts ist schwer zu schlucken. Nichts stößt uns mehr sauer auf. Alles Aufgeblähte verschwindet. Windeier und Wortblasen werden weniger, weil seelische Verdauungsstörungen kaum mehr auftreten. Am Ende paßt uns der Mantel der christlichen Nächstenliebe wie angegossen! Und der steht doch jedem so gut, oder net?

Ferienerziehung

Haben Sie Kinder? Und wie kommen Sie damit zurecht? Manchmal ist es sehr schwierig, oder? Kaum sitzen zwei im Sandkasten, schon haut eines dem anderen das Schauferl drauf! Was machen Sie dann? Trösten? Beruhigen? Schimpfen? Erklären? Trennen? Oder zu Übungszwecken beisammen lassen, solang die Schädeldecken halten?
Sehen Sie: schon Kleinigkeiten sind nicht immer so klein, wie sie im ersten Moment ausschauen. Darum sollte man jede Gelegenheit zu pädagogischer Weiterbildung nützen, um die Kinder aufs beste zu erziehen.
Erlauben Sie mir also, Ihnen zur gefälligen Benutzung folgendes Stenogramm zu übermitteln, das ich als argloser Badestrandbesucher für Sie notiert habe. Das Erziehungsobjekt, ein gewisser Klaus-Uwe, schätzungsweise neun Jahre alt, empfing von seinen Eltern folgende Hinweise – die Mutter begann:
»Klaus-Uwe, zieh Sandalen an du trittst in eine Biene komm her und mach die Schnallen erst ordentlich auf und dann wieder ordentlich zu und tritt nicht die Riemen herunter Sandalen kosten heute 50 Mark wie nichts und Fußballspielen geht hier nicht du störst die anderen Leute bleib jetzt im Schatten es ist ohnehin zu heiß und immer das kalte Wasser mit deinen Nieren und überhaupt hast du erst gegessen und natürlich wieder einmal nichts vom Salat. Dabei wäre dir der Salat viel gesünder als der Pudding du bist zu dick Vati sagt auch immer . . .«
Jetzt empfehle ich rasches Durchatmen – da der Vater einsetzt:
»Horch auf deine Mutter, Klaus-Uwe, und keinen Widerspruch an deiner Stelle würde ich überhaupt froh sein daß mich meine Eltern zum Baden mitnehmen nach diesem katastrophalen Zeugnis woher der Junge diese schlechte Rechtschrift hat von mir hat er sie nicht aber morgen das merkst du dir machst du zwei Stunden Diktat vormittags und zwei Stunden nachmittags

Sonntag hin oder her denn so geht das nicht weiter wie willst du denn aufs Gymnasium kommen mit dieser Deutschnote und ohne Gymnasium kannst du nicht mal Straßenkehrer werden denn das sind heute Müllwerker städtische Beamte oder was, jawohl und die nehmen nicht mehr jeden was willst du dann werden ohne Gymnasium höchstens Politiker oder Showmaster oder irgend so ein Pop-Sänger für alles übrige mußt du was Ordentliches gelernt haben und jetzt geh und tritt nicht die Riemen hinunter wie Mutti gesagt hat was glaubst du denn wie schwer heutzutage das Geld zu verdienen ist das wirst du schon noch sehen und halte dich gerade und spiel nicht bloß im Wasser rum systematisches Brustschwimmen ist das Beste für dich!«
Atemholen – Rollenwechsel – Mutter:
»Er soll nicht ins Wasser, Otto, mit dem vollen Magen was mach ich jetzt mit dem Salat der welkt und die ganzen Vitamine sind raus ich weiß nicht warum ich immer so viel für das Picknick richten soll wenn ihr doch nur die Wurst eßt geh lieber in den Schatten Klaus-Uwe, Klaus-Uwe hörst du!«
Durchatmen – Vater:
»Nein er hört nicht du redest viel zu viel hinein in den Jungen Mutti so kann er auch nie selbständig werden weil er sich immer nur auf dich verläßt wo ist meine Zeitung hast du meine Zeitung nicht eingepackt das darf doch nicht wahr sein jedesmal fehlt das Wichtigste und wenn ich es noch so oft sage dann ...«
Dann hat mir das Papier nicht mehr gereicht. Schade. Sonst wüßten Sie jetzt genau, wie man Kinder erzieht. Oder vielleicht doch nicht?

Feste und Feiern

Feste muß man feiern, wie sie fallen. Sagt das Sprichwort, das in der neuen Fassung heißt: »Feste muß man feiern, ob sie fallen oder nicht.«
Da können die Geschichtsforscher einwenden, was sie wollen: Wenn die Stadt Bonn beschlossen hat, daß sie am Tag X 2000 Jahre alt wird, dann ist daran nichts mehr zu ändern! Solche Riesenfeiern werden von langer Hand vorbereitet und können nicht auf historische Tatsachen Rücksicht nehmen.
Wer sagt denn, daß dazu überhaupt ein rundes Datum gehört? München zum Beispiel feiert jedes Jahr seinen Stadtgeburtstag. Und obendrein feiert jedes Stadtviertel sein Stadtviertelfest. Oder auch ein Straßenfest. Solche Feste sind besonders sinnig, weil dabei durch aufgestellte Bänke der Verkehr gebremst, die mitmenschliche Beziehung aber gefördert wird. Wir Bayern schätzen zwar traditionellerweise den Nachbarn hoch ein, worauf die alte Anrede »Herr Nachbar« respektive »Frau Nachbarin« deutet. Aber sie ist ähnlich selten geworden wie die Hochschätzung des Nächsten in der städtischen Enge, so daß die Nachbarschaftsfeste vielleicht doch einer gewissen Besänftigung der neunachbarlichen Feindschaft dienen. Kinderfeste allerdings dienen mehr der Parteiwerbung wegen des damit verbundenen Freibiers für die Eltern. Allerdings hält die betäubende Wirkung des Alkohols bis zur Wahl nur selten an.
Hingegen zeigen die übrigen Feste und Feiern sofort ihre Wirkung, zumindest für die Vereinskasse. Folglich feiern die Fußballer, die Kegler, die Jäger, die Golfer, die Jugend, die Angler, die Stockschützen, die Feuerwehr, die ... (siehe Vereinsverzeichnis).
Unentbehrlich sind die Festspiele, bei denen teure Opernsänger, feuerspeiende Drachen, verkleidete Ritter und echte Jungfrauen eingesetzt werden – mit eingebautem Flammenwerfer. Nur im

Drachen selbstverständlich. Tschuldigung! Die Unzahl der Feste und Feiern muß einen ja direkt verwirren!
Manche dauern obendrein nicht nur einen Tag, sondern mehrere. Die Kultur kommt immer in die Wochen – oder vielmehr ballt sie sich wochenlang zu Kulturwochen, und zwar möglichst auf internationaler Ebene mit gegenseitigen Städtefestwochenkulturaustauschprogrammen. Kritiker behaupten freilich, bei uns gehe es schon zu wie im alten Rom, das über seinem Dauerfestprogramm mit Brot und Spielen den Untergang seiner Welt übersehen hat.
Das kann aber uns Münchnern nicht passieren. Denn bei uns ist nach der Wiesn die Festefeiersaison definitiv zu Ende. Bis zum Faschingsbeginn am 11. 11. Nur ausnahmsweise wird ein Weinfest dazwischengeschoben. Oder irgend sowas Kleineres. Aber das ist dann auch wirklich das allerletzte.
Weil sonst sowieso kein Termin mehr frei ist im Jahresveranstaltungsprogramm.

Freizeitsport

Sind Sie Freizeitsportler? Haben Sie die Empfehlungen von Ärzten und Gesundheitsministern jahrelang befolgt? Brav, brav! Freilich: Trimming war falsch. Parcours war zum Kreuzauskegeln. Schifahren ist die unfallträchtigste Sportart überhaupt. Beim Schwimmen holt man sich Fuß- und andere Pilze. Und vom Wandern kann man einerseits wegen der Plattfüße und andererseits wegen der Naturzerstörung nur abraten. Aber alles übrige ist . . .

. . . äußerst gefährlich, sag ich Ihnen! Aus Amerika kommen bereits Berichte von den allerneuesten Freizeitsporterkrankungen. Also seien Sie bitte vorsichtig beim Radeln! Nicht nur wegen der steigenden Unfallzahlen. Die Herren kommen neuerdings immer häufiger verzweifelt zum Doktor: wegen peinlicher Unterkühlung edelster Teile. Weils vorn so draufzieht!
Das Joggen hingegen ruiniert die Gelenke. Für die Damen kommt noch dazu, daß oben durch das ständige Schaben des Sweatshirts die vorstehenden . . . Nein, das spar ich mir jetzt, dezent, wie ich bin.
Aber bloß daheim rumsitzen ist auch wieder nichts. Beim Fernsehen entwickelt sich nämlich die typische Fernsehthrombose, mangels ausreichender Durchblutung der unteren Körperpartien. Ausgehen ist besser, aber nicht in die Disco, wo sich bald die bekannte Disco-Schwerhörigkeit einstellt. Auch meide man Spielhöllen, wo mancher den Verstand und viel Geld verliert. Außer einer argen Spielsüchtigkeit kann nur eine Tendinitis dabei herauskommen: eine Fingersehnenentzündung durch dauerndes Knopfdrücken.
Bei Tischfußballspielern müssen die amerikanischen Ärzte den »space invadors wrist« behandeln: entzündete Handgelenke. Und nach Bowling den Bowling-Ellbogen. Das altbayrische Kegeln kann sogar tödlich sein! Nach der häufigen Kombination Bier/Schnaps fallen nicht nur die Kegel, sondern reihenweise auch die Kegler um, vom Schlag gerührt.
Daher betreiben gesundheitsbewußte Amerikaner als neuesten Freizeitsport das »walking«. Wer dahinter dank seiner Englischkenntnisse das altmodische gemütliche Spazierengehen vermutet, hat nur halb recht. Weil man dabei doppelt so schnell geht, und zwar in einer Spezial-Walkingausrüstung. Die gehört unbedingt dazu. Denn schließlich wollen ja nicht nur wir, sondern auch die Sportartikelhersteller leben.

Friedensmusik

Haben Sie heute schon gesungen? Wenigstens auf dem Kamm geblasen oder auf die Pauke gehaut? Nix? Gar nix? Sie, dann wirds aber Zeit, wenn Sie den nächsten Krieg verhindern wollen! Nur die Musik kann uns retten! Das leuchtet doch ein: Wenn jeder Ziehharmonika spielt, hat keiner die Hände frei zum Schießen!
Daher haben unsere ehemals zwei bayerischen Kultusminister anläßlich des Europatages der Musik wörtlich verlautbart: »Ein singendes, klingendes Europa ist der beste Garant für Friede, Partnerschaft und Freundschaft.«
Und wenn sowas im amtlichen Bulletin steht, dann stimmt das auch.
Wer mault da noch, daß schon bisher in Europa fleißig gesungen und gefidelt, aber noch fleißiger Krieg geführt worden ist? Und das sogar mit Musikbegleitung!
Ruhe! Vertrauen Sie auf unsere beiden Herren, die Erfahrung in Harmonie haben. Seit ihr orgelspielender Vorgänger nicht mehr eigenwillig in die amtlichen Register greifen darf, singen sie zur Zufriedenheit des Dirigenten brav nach Noten. Und überhaupt ist hier die private Musik gemeint, die Hausmusik. Lasset uns also aus frohem Herzen und voller Kehle . . . Halt, naa, so voll soll die Kehle auch wieder nicht sein. Oder hat bei Ihnen je eine koloraturübende Sopranistin gewohnt? Sie, da ist es bald aus mit der Freundschaft! Auch eine klavierübende Tochter garantiert keineswegs den Frieden im Haus, schon gar nicht in Partnerschaft mit einem trompeteblasenden Sohn.
Aber wahrscheinlich kommt der Streit weniger von der Musik als von der mangelnden Schalldämmung. Denn in entsprechend ausgestatteten Opernhäusern und Konzertsälen geht es ganz anders zu: Die Sänger überlassen sich neidlos die ersten Rollen. Zwischen Orchester und Dirigent herrscht volles Einverneh-

men. Der Kritiker jubelt, daß sich die Geigenbögen vor Rührung biegen. In Tonstudios und bei Plattenfirmen winken festangestellte Friedensengel mit Friedenspalmen. Es kann gar nichts passieren. Oder kennen Sie das anders?
Vielleicht haben unsere Herren an eine noch höhere musikalische Ebene gedacht? Die konzertierte Aktion ist zwar nicht mehr in Mode. Aber könnten nicht unsere Spitzenpolitiker als singende, klingende Garanten für Friede, Partnerschaft und Freundschaft vereint . . .
Moment: Vereint antreten müßten sie gar nicht. Die Technik ist ja heute so großartig entwickelt, daß jeder ohne weiteres für sich musizieren könnte, was nebenbei auch viel billiger wäre als die Gipfeltreffen. Man müßte alle lediglich über Satellit mischen.
Da kann einer ruhig in Bonn sitzenbleiben und singen. Aus Brüssel kommen die Flötentöne. London sorgt für das Schlagzeug. Frankreich spielt wie immer die Marseillaise. Rom läßt dafür die Pausen frei . . . und so weiter.
Dirigiert wird die Sache halb in Washington, halb in Moskau. Und wenn das Ganze gemischt, entzerrt und mit Engelschören unterlegt wird, entsteht die pure Harmonie. Wer weiß, vielleicht üben die schon heimlich. Und überraschen uns bald damit. Schön wärs.

Frühling

Jammern Sie auch manchmal, daß man die Jahreszeiten überhaupt nimmer voneinander wegkennt, weil der Sommer ein grünangestrichener Winter und der Winter ein milder Sommer ist? Und der Herbst fällt sowieso aus?

Immerhin ist der Frühling eindeutig zu erkennen, wenn Sie sich an einem sonnigen Tag auf den Balkon oder die Terrasse setzen. Denn kaum spüren Sie die milde Wärme auf der Haut, merken Sie: Jetzt ist er da, der Lenz, jene herrliche Jahreszeit, die den Menschen gleichzeitig zum Dichten und zum Richten veranlaßt. Während das Dichten eher lautlos vor sich geht und uns lediglich in der Sonntagsbeilage der Heimatzeitung mit bayrischen Verserln trifft, schlägt uns das Richten mit eindeutigen Geräuschen nieder:
Der Hausherr läßt den Spengler kommen, der tagelang an der Dachrinne rumhaut. Die Mieter im Oberstock kriegen ein neues Bad und die im Unterstock den Maler, der diesmal alles abkratzt. Hernach müssen natürlich wieder die Nägel eingeschlagen werden für die Bilder und die Dübel gebohrt für den neuen Hängekasten. Vorm Haus repariert der hoffnungsvolle Jüngling sein Mofa und fährt mehrmals Probe. Sein Freund poliert die Fünfhunderter auf und stellt nach sorfgältiger Überprüfung den Motor zum x-ten Mal neu ein. Der Autobesitzer putzt bei fescher Musik seinen blechernen Liebling und saugt das letzte Stäuberl aus dem Polster, während die Teppiche wenigstens einmal im Jahr – und zwar jetzt – gründlich geklopft werden müssen.
Der glückliche Gartenbesitzer vertikutiert, schneidet, mäht und lockert in einer Kakophonie von Geräuschen Rasen und Beete. Die Zäune werden mit der Stahlbürste unter Schaben und Kratzen von allen Farbresten befreit, daß sich dem Empfindlichen sämtliche Rückenhaare sträuben. Wenn endlich eine berauschende Duftwolke aus Farben und Imprägnierungsmitteln das Ende der Orgie ankündigt, beginnt ein Bagger gegenüber sein segensreiches Werk, mit dem er das Sozialprodukt und den Lärmpegel entscheidend anhebt.
Einzig erfreulich ist, daß man merkt: Es gibt noch fröhlich spielende Kinder. Und erziehungsfreudige Eltern, die sie lautschallend zu leiserem Spiel ermahnen, wobei die Nachbarin und sämtliche liebe Hunderl ihren Senf beziehungsweise ihr Wauwau dreingeben.

Fürwahr, die linden Lüfte sind erwacht und tragen liebliche Klänge durch Berg und Tal und sämtliche Straßen, Gärten und Höfe. Drum Freunde, freuen wir uns! Und verschließen wir möglichst dicht Türen und Fenster, hinter denen wir uns in der weisen Erkenntnis verbergen: Geduld bringt nicht nur Rosen, sondern auch den nächsten stillen Winter.
Und der paßt uns dann wahrscheinlich aa wieder net! Mei, so is halt der Mensch.

Gerüche

Sind Sie ein Nasenmensch? Wirken Gerüche merkbar auf Sie? Gemeint sind nicht die von Menschenansammlungen, die selbst Unempfindliche vertreiben können. Wobei überlegenswert wäre, warum wir uns heutzutage selber nur noch riechen können, wenn wir uns durch Dauerduschen und Desodorantien vom natürlichen menschlichen Dampferl befreien. Wo wir doch sonst das Natürliche so lieben . . .
Aber nehmen wir lieber etwas Appetitlicheres: den Duft einer Hühnersuppe. Oder vergeht Ihnen beim Gedanken an das Suppenhuhn und sein Vorleben als Käfig- und Legehenne auch der Appetit? Sie müssen das Fleisch nicht essen. Der Duft allein ist ein Naturheilmittel – sagen Forscher der amerikanischen Mayoklinik. Keine andere heiße Suppe wirkt derart gut bei Katarrh wie Hühnerbrühe. Ihr Dampf bringt die Schleimhäute zum Abschwellen. Die Nase läuft. Bakterien und Viren werden ausgeschwemmt. Das Leben hat uns wieder.
Wer sich dann immer noch nicht wohlfühlt, soll sich einen Apfelkuchen backen. Oder backen lassen. Auch das ist ein Forschungsergebnis: Der Duft eines frischen Apfelkuchens mindert

Depressionen. Ein gewisser Herr Friedrich Schiller hat sogar beim Geruch fauliger Äpfel so gut dichten können, daß die Theater noch heute von seinen Stücken profitieren.
Einfacher geht das Geldverdienen allerdings ohne vorheriges Dichten. Darum verkauft jeder Modemacher sein eigenes Parfum. Ein großer amerikanischer Konzern will gar möglichst alle Produkte verkaufsfördernd künstlich duften lassen: Vorhänge nach Erdbeeren, Polsterstühle nach Kaffee, Betten nach Rahmschnitzel oder was weiß ich . . . Der Möglichkeiten sind unendlich viele. Ausgenommen eine: Nach Knoblauch darf nichts riechen. Knoblauch ist in Amerika wie bei uns für die meisten absolut tabu. Dabei haben wir doch erst das Jahr des Knoblauchs ausgerufen! Denn mit Knoblauch wird man kostendämpfend uralt! Behaupten vor allem die Hersteller von nichtstinkenden Knoblauchpillen. Worauf der Naturknoblauchesser erwidert: »Ohne den typischen Geruch nützt er gar nichts!« Worauf die Wissenschaftler sagen: »Weder mit noch ohne Geruch ist eindeutig eine Wirkung nachgewiesen.«
Worauf uns wieder einmal nichts anderes übrigbleibt, als zwischen den verschiedenen Gerüchen unseren eigenen Weg zu suchen: sozusagen immer der Nase nach. Und zu hoffen, daß wir vielleicht doch noch jemanden finden, den wir riechen können.

Gesetze

Sind Sie gesetzestreue Bürgerinnen und Bürger? Schon, gell. Trotzdem beträgt die Wahrscheinlichkeit, daß einer von uns heuer vor dem Strafrichter landet, statistisch gesehen, eins zu sechzig. Wobei Sie noch Glück haben müssen, wenn Sie einer

Privatklage auskommen: Weil Ihr Lausbub Fensterscheiben einwirft, Ihr Lausdirndl eine Eisrutschbahn anlegt, Ihr Hund zu laut bellt oder Ihre Katze im Nachbargarten ihr Geschäfterl und die Radieserlsamen verscharrt. Und was gar an Ehe- und Erbprozessen auf Sie zukommen könnte . . . nur nichts bereden!
Denn die Richter können sich vor lauter Arbeit kaum mehr retten. Obwohl wir gar nicht so bös sind, wie es nach der Kriminalstatistik ausschaut: Von fünf Angeklagten, die vor dem Strafrichter stehen, wird einer freigesprochen. Und vom Rest ist jeder dritte ein Verkehrssünder. Ganz unter uns gefragt: Können Sie eigentlich sämtliche Verkehrszeichen und Gebotsschilder beachten? Nachgewiesen ist: das ist schon rein optisch nicht möglich. Von der Differenz zwischen Nicht-Können und Doch-Müssen leben die öffentlichen Kassen. Was täten sie ohne die Millionen Mark Strafgelder, die sie der menschlichen Unzulänglichkeit verdanken?
Seit Jahren wird der Schilderwald gelichtet. Theoretisch. Praktisch wird er immer dichter. Aber an anderer Stelle leuchtet uns ein Hoffnungsschimmer. Seit 1985 haben wir ein Entbürokratisierungsgesetz »zur Bereinigung des Verwaltungsverfahrensrechts«. Was das ist? Was Gutes! Mehr versteht unsereiner auch nicht. Jedenfalls sind schon manche Vorschriften gestrichen worden. Allerdings nur solche, die bereits bedeutungslos oder an anderer Stelle geregelt waren.
Aber vielleicht ist mittlerweile schon wieder alles ganz anders. Weil unser Bundestag so furchtbar . . . halt, nein! . . . so fruchtbar ist, daß von Jahr zu Jahr der Zuwachs an Gesetzen und Vorschriften immer größer wird. So daß unsereiner nimmer weiß, wonach er sich zu richten hat, damit man nicht gerichtet wird. Denn Unkenntnis schützt vor Strafe nicht. Drum hab ich ja gleich gesagt: Glück muß der Mensch haben.

30
STOP

Gurken

Sie kennen doch Gurken, zumindest eine. Das genügt. Sie gleichen sich ohnehin. Nein, nicht wie ein Ei dem andern, sondern eben wie eine Gurke der andern. Es gibt in jeder Preisklasse nur kleine Größenunterschiede. Aber in der Form sind sie ziemlich gleich, damit keine die Verpackungseinheit stört.
Trotzdem arbeiten die Züchter weiter an der EG-verbindlichen Einheitsgurke. Aus dem staatlichen dänischen Institut für Pflanzenveredlung kam der Jubelruf: Hurra! Wir haben sie: die Standard-Gurke mit Namen Aminex. Ein wunderbares Modell: Sie bleibt nicht kürzer als 27 cm. Sie wird nicht läner als 37 cm. Sie hat das Idealgewicht zwischen 300 und 400 Gramm. Das Gurkenende hat eine Standardverjüngung von rund 4 cm. Leider hat die Neuzüchtung noch einen kleinen Nachteil: die Schale ist ein bißchen stachlig. Aber das macht fast gar nichts. Denn wer traut sich heut schon noch die Gurke mit der Schale zu essen? Über den Geschmack wird nichts gesagt. Wahrscheinlich hat sie keinen.
Erinnern Sie sich überhapt noch, wie Gurken früher aussahen und schmeckten? Die waren nicht einheitlich grün und stangerlgerade. Sie leuchteten zwischen dunkelgrün und gelblichweiß, waren halb dick, halb dünn, verwegen gebogen, mit einer ledrigen Haut und mit vielen Samen innen drin. Beides hat die klassische bayrische Köchin entfernt, bevor sie am Sonntag das klassische bayrische Essen hergerichtet hat: nicht den Schweinebraten mit Klößen, sondern den Schweinsbraten mit Knödl und Gurken- und Kartoffelsalat. Aber damals hat auch das Schweinerne immer wie echtes Schweinernes geschmeckt. Und nicht nach Fisch oder nach Leim oder nach irgendwas.
Vielleicht finden Sie noch so eine altmodische Gurke auf dem Bauernmarkt. Vorausgesetzt, Sie finden dort noch einen Bauern, der solche Gurken anbaut. Aber wenn es so weitergeht wie

bisher, finden wir eher die allerneueste Super-Euro-Animex-Spitzengurke, glattschalig, verpackungsgerecht, viereckig und garantiert mit dem Geschmack reinsten Wassers. Wunderbar. Was? Das wollen Sie nicht? Ja, wo wollen Sie denn sonst noch reines Wasser herkriegen?

Gute Reise!

Als junger Mensch hat man es leicht: Man verreist mit der Zahnbürste in der Westentasche, allenfalls mit dem Rucksack. Bis sich herausstellt, daß eine einzige Wäschegarnitur plus Socken mit der Zeit einen gewissen Abschreckungseffekt für den oder die hat, die man zu gewinnen trachtet.
Von da an reist man mit dem Koffer. Systematiker packen ihn alphabetisch: angefangen von Abendkleidung, Abführmittel, Allzweckreiniger, Badeanzug, Bademantel usw. Bis sie beim P merken, daß der Koffer nicht mehr zugeht. Bahnreisende füllen den Rest in Plastiktüten, die sie später im Abteil liegenlassen. Flugreisende müssen das Entbehrliche aussortieren, um die vorgeschriebenen 20 Kilo nicht zu überschreiten. Worauf sie am Urlaubsort feststellen: es war das Unentbehrliche.
Mit der Familiengründung und der Geburt des zweifellos entzückendsten Kleinkindes der Welt vermehrt sich das Gepäck nicht auf das Dreifache, sondern ins Ungemessene. Wer Flugzeugabstürze und Kosten durch Übergewicht vermeiden will, verreist lieber mit dem Auto. Erst wenn Kofferraum, Rücksitz, Ablage, Dachträger und sämtliche Zwischenräume so voll sind, daß selbst das unentbehrliche Haferl nur noch auf dem Schoß der verzweifelten Mutter unterzubringen ist, entschließt sich der treusorgende Familienvater zunächst zum Kauf eines Anhän-

gers, später eines Wohnwagens. Leider zeigt sich auch da bald die Unzulänglichkeit allen irdischen Tuns. Denn der teuren Gattin fehlt nun der einzig richtige Kochtopf für die Knödel, das Wiegemesser für die vitaminhaltigen Kräuter und der Anschluß für die Trockenhaube sowie die »Königin der Nacht«, die mangels Platz kurz vor dem Aufblühen zurückgelassen werden mußte, ebenso wie das Meerschweinchen des Sohnes, das Mutterfreuden entgegensieht.

Um auch dies und noch etliches dazu – unter anderem das zweite, später das dritte Kind – unterzubringen, mieten fürsorgliche Eltern eine billige Zweitwohnung auf dem Land oder kaufen vielleicht sogar einen alten Bauernhof. Eine sorgfältige Berechnung ergibt: Was man bisher beim wiederholten Aus- und Einpacken an Material und Nervenkraft verloren hat, kann man durch Investition des Familienkapitals fürderhin retten. Allerdings erst, wenn in der Zweitwohnung das Nötigste wohlgeordnet vorhanden ist.

Dazu bedarf es lediglich einer gewissen Übergangszeit. Meint man.

Von nun an packt man frohen Mutes und der zunehmenden Erschöpfung nicht achtend jedes Wochenende den Wagen bis zum Bersten voll. Denn merkwürdigerweise tritt der gewünschte Komplettzustand nie ein. Zwar sind längst Zweitzahnbürstl und Zweitknödeltopf in der Zweitwohnung, nicht aber das erneut schwangere Meerschweinchen sowie der Goldhamster, der Kanari, die demnächst wieder aufblühende »Königin der Nacht«, die Schulranzen, der Aktenkoffer, die Zeitung sowie das vorgekochte Mittagessen, die Gummistiefel, die frische Bettwäsche und was man eben sonst noch braucht.

Auf der fünfzigsten Heimfahrt zwischen Essensresten vom Sonntag, billig gekauften Äpfeln, echter Bauernmilch, frischen Eiern und dem Sack mit der Schmutzwäsche dämmert den leidgeprüften Eltern: Die ehedem jährlich wiederkehrende Ferienreisekatastrophe hat sich zu einer Dauerkatastrophe entwickelt. Von da an wird sie leicht ertragen. So wie alle anderen Dauerkatastrophen, an die wir längst gewöhnt sind.

Herbst

Der Herbst gilt den meisten als wenig empfehlenswerte Jahreszeit. Er stimmt elegisch, sentimental, traurig: eben herbstlich. Heute heißt sowas »depressiv« und ist mit Pillen zu beseitigen. Der Herbst bleibt trotzdem.
Malerisch Veranlagte schwärmen von seiner Farbenpracht. Dichter nützen den Herbst für ernste Sonette. Obwohl sich »Herbst« so furchtbar schlecht reimt. Herbst . . . Anhalt-Zerbst . . . fällt Ihnen mehr ein? Am besten dichtet man ganz ohne Reim. Das geht leichter. Und ist moderner.
Außerdem bringt der Herbst Erntefreuden. Besonders, wenn die Ernte schlecht ist. Dann wird der Preis gut. Von üppigen Ernten dagegen muß viel zu viel weggeworfen werden. Wenn es dafür nicht den Spezialausdruck »intervenieren« gäbe. Das klingt nicht so hart und reimt sich gut auf profitieren, subventionieren, finanzieren . . . Schade, daß Dichter derartiges selten brauchen können.
Man kann eben nicht alles haben. Höchstens eine Grippe. Und die lassen wir uns rechtzeitig wegimpfen, so daß unsereinem lediglich ein ganz ordinärer Herbstkatarrh bleibt.
Er eignet sich vorzüglich zum Niesen und Husten in Konzert und Theater. Auch kann man während schlafloser Nächte einen Teil der acht Bücher auslesen, die jeder Bundesbürger jährlich und statistisch kauft. Den Rest verschenkt man zu Weihnachten.
Für Sportliche ist der Herbst wenig ergiebig. Die Freibäder haben geschlossen, Eislaufbahnen noch nicht geöffnet. Und wer joggt gern, wenns gießt? Nach jeder Radltour muß man stundenlang putzen. Bloß die Fußballer spielen tapfer im größten Dreck. Bergwandern im Nebel empfiehlt sich weniger. Bei Föhn aber hat jeder, der auf sich hält, Kopfweh und bleibt lieber daheim. Außerdem sind dann die Berge ohnehin so nah, daß sich das Hinfahren erübrigt.

Auch im übertragenen Sinn ist der Herbst »out«. Wer traut sich schon, einem Fünfziger zum »Herbst des Lebens« zu gratulieren? Eher nimmt einem ein Siebzigjähriger den dritten Frühling ab. Und dann die vielen Gedenktage im November!
Zum Trost gibts Nikoläuse ab Oktober. Der Erfolgreiche hat schon lang sein sommerliches Weihnachten in der Karibik gebucht. Wers billiger will, verlebt einen Pauschalwinter als Frühling in Mallorca. So werden wir auch mit dem unbeliebten Herbst fertig.
Oder er mit uns. Denn ein Dummes könnte passieren: Daß wir nämlich den Augenblick versäumen, in dem wir grad leben. Auch im Herbst, wo es uns eigentlich nicht so ganz paßt.

Hosenträger

Benützen Sie Hosenträger? Wollen Sie vielleicht Mitglied werden in einem Verein von Hosenträger-Trägern? Ein Franzose will ihn gründen. Warum?
Erstens weil es noch keinen gibt und Vereinsgründung ein schönes Männervergnügen ist. Und zweitens eignen sich Hosenträger zur Unterscheidung von staatserhaltenden und revolutionären Menschen. Denn Hosenträger-Träger sind konservativ und halten nicht nur ihre Hosen, sondern auch die Gesetze hoch. Revolutionäre hingegen sind mit braven Hosenträgern unvorstellbar. Damit sind die Fronten klar. Meint der Initiator.
Wenn er sich nur nicht irrt! So einfach ist die Bändigung rutschender Hosen aufs große Ganze nicht zu übertragen! Freilich haben viele Umstürzler keine Hosenträger gehabt. Das aber nur

mangels Hosen. Bitte: Der revolutionäre Brutus hat bloß in Kleid und Toga seinen Freund Cäsar erdolcht. Hingegen fanden die mittelalterlichen Bauernaufstände durchaus in Hosen, aber tatsächlich trägerlos statt. Auch die französischen Revolutionäre haben ohne weitere Absicherung ihrer Beinkleider König und Königin geköpft. Das Hosenbefestigungssystem der russischen Revolutionäre liegt noch im Dunkel der Geschichte und der Über- und Uniformröcke.
Andererseits braucht ein Bayer – revolutionär oder nicht – für die schwere Hirschlederne unbedingt einen soliden Halt. Drum haben die aufständischen Bauern mit dem Schmied von Kochel in Hosenträgern bis zu ihrem Tod bei Sendling gekämpft –, nach damaligem Recht zweifellos als Staatsfeinde – Hosenträger hin oder her.
Und heutzutage? Beim modisch aufgepeppten Pseudo-Trachtenanzug, der bayrischen Staatsuniform, wird die Hose – soweit sichtbar – nur mit Gürtel gehalten. Muß man da nicht fragen: Ist das nun auf die Kunst der Maßschneider zurückzuführen? Oder aber sind – schrecklicher Gedanke – unsere hosenträgerlosen Minister und Ministerialdirigenten vielleicht am Ende verkappte Revolutionäre? Leisten sie sozusagen im Dunkel ihres Jacketts verdeckten Widerstand gegen die konservative Richtung, die sie nach außen vertreten? Zuweilen wird der Verdacht laut, sie trügen zwar keinen Dolch im Gewande, wohl aber Widerworte im Herzen, die sie beim Ablegen des Amtskostümes im stillen Kämmerlein sogar wagemutig vor sich hinmurmelten! Ja, was wär denn net des!
Zumindest wärs ein Thema für eine Doktorarbeit. Ich verschenke gern die Anregung mit dem Titel: Der Hosenträger als signifikantes Element der historisch-sozial-parteipolitisch orientierten bayrischen Gesellschaft von der Völkerwanderung bis heute.

Image mit Organizer

Kriegen Sie gelegentlich den internationalen Bedarfsartikelkatalog für gehobene Ansprüche zugesandt? Nein, nicht den alteingeführten für die gute Hausfrau, wo Schuhspanner drin sind, Eierschneider, Radieserlschnitzmesser, Krawattenhalter, Fußbadetabletten, aufbügelbare Rocksäume und ähnliches. Gemeint ist vielmehr ein imageförderndes Sortiment mit entsprechenden Preisen.

Haben Sie bereits einen Organizer? Was, Sie können sich darunter nichts vorstellen? Das geht ganz leicht. Lassen Sie vor Ihrem geistigen Auge einfach eine lederne Brieftasche erscheinen. Schon haben Sie den Organizer: ein Tascherl, in das man Flugtikkets, Parkschein, Ausweis und Kreditkarten stecken kann, so daß man alles gleichzeitig verliert. Das finden Sie nicht praktisch? Hm . . .

Wie wärs mit einem original amerikanischen Popcornröster? Sie essen kein Popcorn? – Sind Sie mehr der Typ für die Top-Piloten-Lederjacke mit echten Crash route map lining? Was das ist? Der Name des Kunststoffes, mit dem die Jacke gefüttert ist. Sowas braucht der Mann im Dschungel der Großstadt! Heißts im Prospekt. – Am besten nehmen Sie die Survival-Lampe dazu: das ist ein Kerzenwindlicht zum Aufhängen und zum Überleben in der Einsamkeit und bei Stromausfall, erprobt im härtesten Einsatz. Derart viel Härte verträgt nicht jede weiche Kerze. Die in der Survival-Lampe spendet sogar leichte Wärme. Versichert der Anbieter. Sowas muß einem doch gesagt werden! Wer weiß denn noch, daß brennende Kerzen jeder Preisklasse warm machen! Sie? So.

Und außerdem strampeln Sie sich lieber auf dem Fahrrad warm? Aha. Haben Sie wenigstens einen Bordcomputer? Wie wollen Sie denn ohne ein solches Instrument die Zeit ablesen können und die zurückgelegten Kilometer, ha? Sie wollen überhaupt

nicht, sondern Sie fahren einfach so dahin? Und das, wo die Welt derart groß ist?
Zumindest brauchen Sie einen Computerglobus. Der sucht Ihnen auf Knopfdruck aus 20000 Orten vollelektronisch heraus, wo – sagen wir – New York liegt.
Sie werden doch nicht behaupten wollen, daß Sie das auswendig wissen? Wo Umfragen ergeben haben: nicht einmal jeder Amerikaner weiß, wo Amerika liegt. Auch bei uns kennt mancher einen Schnittmusterbogen nicht von einer Landkarte weg.
Sie schon? Mir kommt ein fürchterlicher Verdacht! Sie gehören zu den Intellektuellen, stimmts? Zu den Leuten mit dem Interesse für das Wahre, Gute und Schöne, die deswegen allein bleiben, wie die dauernden Heiratsgesuche dieser Gebildeten zeigen. Ja, da wäre das neue Schnellhörgerät genau das Richtige für Sie! Angenommen, Sie kaufen sich »Goethes gesammelte Werke« als mehrbändiges Plattenalbum, auf Kassetten oder Disketten. Freilich, möglicherweise verbrauchen Sie beim Suchen etwas Zeit. Die bringen Sie hernach rasch wieder ein mit Ihrem Schnellhörer. Der streicht alle Pausen und rafft die Töne, so daß Sie in der halben Zeit doppelt so viel von dem hören können, was unter Millionen kaum mehr einer liest. Und wenn, dann nur langsam und wohlproportioniert.
Was? Sie machen das noch? Ich habs aber beinah geahnt. Weil Sie jetzt sogar mein Buch lesen.

Im Auto

Der Mensch des zwanzigsten Jahrhunderts sinkt, sobald er den Automotor anläßt, auf die Stufe des Neandertalers zurück. Sagen Verkehrs- und Verhaltensforscher. Er wird auf Stadt- und Bundesstraßen zum Jäger oder Gejagten. Wie sein urtümlicher Vorfahre verbirgt er zwischen mahlenden Kiefern seinen Zorn auf den Deppen, der ihn verfolgt oder den er verfolgt. Und wie er verständigt er sich vor allem mit Gesten, zumal er in der Geschwindigkeit weder das Fenster öffnen noch die Hand vom Knie der Beifahrerin nehmen kann.

Aber er setzt nicht nur sein urtümliches Stammhirn ein, um den Gegner zu besiegen oder ihm zu entfliehen. Dank seines hochentwickelten Großhirns hat er auch spezielle Gesten dafür entwickelt.

Als erstes ist das Vogelzeigen aufgetaucht. Es gilt mittlerweile als antiquiert und recht teuer. Die Höhe der Geldstrafe nach Beleidungsprozessen sei hier wegen möglicher Preissteigerungen nicht genannt.

Auch die ringförmige Verbindung des Zeigefingers mit dem Daumen ist sehr kostspielig. Richter haben nämlich herausgefunden: das heißt nicht, was es auch heißen könnte, nämlich »fein«, »super« oder »ausgezeichnet«. Nein, diese fingergeformte Rundung deutet eine gewisse Körperöffnung an, deren volkstümliche Benennung als Schimpfwort gilt.

In Bayern allerdings nicht. Der bekannte Spruch des Götz von Berlichingen gilt hier keineswegs als Aufforderung zu handeln. Je nach Tonfall kann er Beruhigung, Lob und sogar höchsten Respekt bedeuten. Auch das ist bereits gerichtlich entschieden.

Relativ neu hingegen ist das Wedeln mit der Hand vor der Stirn. Diese Geste bedeutet »Scheibenwischer«. Sie ist aber keineswegs ein Hinweis auf die beliebte gleichnamige Fernsehsendung des

hochgeschätzten Kollegen Dieter Hildebrandt. Sie besagt vielmehr, der andere habe eine Mattscheibe.
Das jedenfalls entschied ein Essener Gericht und bestrafte den Mattscheibenwischer-Erfinder wegen Beleidigung.
Aber ganz unter uns: Ist es nicht schön, wenn ein Mensch noch über eine derart bildkräftige Phantasie verfügt? Und ist der Scheibenwischer-Hinweis nicht sogar menschenfreundlich? Passiert es nicht jedem von uns Autofahrern, daß wir am Steuer Mattscheibe haben?
Ihnen nicht? Niemals? Sie machen immer alles richtig? Dann nehme ich die »Mattscheibe« mit dem Ausdruck tiefsten Bedauerns zurück. Sie Armer! Sie müssen ja vollkommen blind sein. Zumindest gegen sich und Ihre Fehler.

Im Lift

Treppensteigen ist das wirkungsvollste, billigste und gesündeste Training, das es gibt. Aber es kostet Zeit. Die sparen wir uns, indem wir Lift fahren und die so gewonnenen Lebenswochen mit einem Herzinfarkt im Klinikbett verbringen.
Dabei ist der Seelenstreß noch gar nicht eingerechnet, dem wir im Aufzug unterliegen. Er ist beträchtlich. Wenn so viele Menschen hautnah auf kleinstem Raum beisammen sind, dann . . . nein, die Hautnähe ist bereits im Kapitel »Gerüche« abgehandelt. Sprechen wir nur von der räumlichen Enge.
Der Mensch muß im Lift ertragen, daß ihm der Mitmensch sozusagen in seinen Beißbereich kommt. Das löst Aggressionen aus, sagen die Verhaltensforscher. Zwar lehrt die Erfahrung, daß

dabei Morde selbst im Krimi verhältnismäßig selten und nie wegen allzugroßer Enge vorkommen. Dennoch bedarf erfolgreiches Liftfahren – zumal im Betrieb – gewisser Kunstfertigkeit, damit die soziale Hackordnung nicht gestört wird.
Empfehlenswert ist immer das Grüßen, wobei freilich Tageszeit, landesübliche Grußformeln und Rang des Zusteigenden beachtet werden müssen. Ein vernuscheltes bayrisches »ßgod« paßt nicht immer und nicht in jeden Mund. Und zwischen einem »Gummorng« und »Rechtgutenmorgenherrdirektor« liegen Welten, die auch bei der prinziellen Gleichheit aller Bürger strikt zu beachten sind. Größere Firmen gehen diesem Problem durch Spezialaufzüge für Spitzenkräfte aus dem Weg.
Im Lift den Hut abzunehmen, erübrigt sich, weil keiner mehr einen auf hat. Die Enge erlaubt ohnehin nur die Bewegung der Augen. Man richte sie tunlichst auf den Stockwerksanzeiger, niemals aber auf hervorstechende Körpermerkmale des Gegenübers, wie Ohren, Nasen, Wimmerl etcetera.
Glücklich der Kurzstreckenfahrer! Er kann sich jedes weitere Wort sparen, indes die anderen den »small talk« beginnen. Schon der englische Ausdruck weist darauf hin, daß dieses Geplauder bei uns nicht sehr heimisch geworden ist. Daher meint mancher: Man redet eben über das Wetter. Wetter gibts immer. Wetter kennt jeder. Da kann man nichts falsch machen. Aber so einfach ist das nicht!
Sie können nicht den Schnee schlechthin ideal finden, nur weil Sie selber gern Schi fahren! Ein autofahrender Vorgesetzter, der sich grad mühsam freigeschaufelt oder im Rutschverkehr eine Delle am Kotflügel geholt hat, wird Sie nach einer solchen Bemerkung als nicht beförderungswürdigen Rohling einstufen.
Hingegen ist bei Sonnenschein zu beachten, ob der andere seinen Urlaub vor sich hat – dann freut er sich über Ihre Begeisterung. Hat er aber drei verregnete Wochen Kleinwalsertal hinter sich, wird er sie als Hohn, wenn nicht als seelische Grausamkeit empfinden.
Bei leichtem Regen sollte man einerseits den Nutzen für Kleingärtner und Straßenreinigung, andererseits den Schaden für

Damenfrisuren berücksichtigen. Die Erwähnung von saurem Regen gilt als Politikum und ist zu unterlassen.
Nebel ist insofern günstig, als der auftretende Hustenreiz das Schweigen ermöglicht. Man nehme zweckmäßigerweise vor dem Betreten des Lifts die Hand aus der Manteltasche, damit man sie im Notfall nicht erst suchen muß, um sie vorzuhalten. So lassen sich Bazillen kunstvoll zur Seite schleudern, wodurch die Firmengrippe gleichmäßiger auf alle verteilt wird.
Ideal für Liftgespräche ist eindeutig fürchterliches, grausliches Sauwetter. Hier können Sie nichts falsch machen, wenn Sie unverblümt Ihre Meinung sagen. Die teilt jeder.
Ist das nicht wunderbar, wenn man wenigstens einmal ungeniert aussprechen darf, was man denkt? Sehen Sie, so hat auch schlechtes Wetter wie alles Schlechte eine gute Seite. Sie herauszufinden, ist die wahre Lebenskunst.

Incentiv

Nein, das ist kein Druckfehler. Es heißt wirklich incentiv und nicht intensiv. Obwohl einer vorher recht intensiv gearbeitet haben muß, damit er Incentiv bekommt: ein Geschenk als Belohnung.
Das Wort kommt, wie die Sache, aus Amerika: Wer der Firma als Verkäufer, Vertreter, Werber guten Gewinn oder als leitender Angestellter seine Leute auf Vordermann gebracht hat, bekommt ein Incentiv.
Mit kleineren Firmengeschenken wie goldenen Füllern oder Rolexuhren ist heute allerdings nicht mehr viel auszurichten. Derartiges gehört bereits zur Grundausstattung, die einer haben muß, um jene Geschäfte zu machen, die ihm das Incentiv brin-

gen. Das ist jetzt meistens eine Reise. Damit die Kosten für den Betrieb nicht zu hoch werden, laufen die Reisen und mit ihnen die Gewinner meist übers Wochenende. So verliert die Firma keine kostbare Arbeitsminute, und der »Produktionsfluß« – so heißt das – kann ungestört weitergehen. Der leistungsstarke Incentivanwärter ist heute noch am Schreibtisch, fliegt morgen nach Athen mit Schußfahrt durch die Ägäis bei Sekt, Lobesworten, Urkunden und promptem Rückflug.

Und was ist mit der trauernden Gattin, die nicht mitdarf? Die ist auch schon lang anderswo. Und genießt, diesmal intensiv, was ihr fleißiger Geschiedener an Unterhalt bezahlt. Von den Kindern schweigen wir lieber.

Denn die Wirtschaft muß vorangetrieben werden, jawoll! Man weiß nur nicht genau, wohin. Auf jeden Fall beschäftigen sich bereits eigene Incentiv-Spezialisten mit immer neuen und immer wirkungsvolleren Antriebsgeschenken. Was dabei wohl alles noch rauskommt? Das läßt sich nur schwer prophezeien.

Doch ist bisher noch nichts von der Wiedereinführung des altrömischen Fördermodells bekannt, wonach die einen an die Galeeren geschmiedet rudern dürfen, während die anderen dank reichlicher Peitschenschläge gute Gewinne durch gutes Tempo ihrer Sklaven erzielen.

Jedermann

Frauen müssen schön sein. Aber nicht nur sie. Neuerdings verlangt das jedermann: nämlich auch jeder Mann von sich selbst. Und zwar nicht nur der Tele- und Filmstar oder das Mannequin, das mit tadellosem Körper und gebräuntem Teint sämtliche Tex-

tilien zwischen Socken und Hüten verkaufsfördernd vorstellt. Nein, auch der Durchschnittsbürger achtet wie nie zuvor auf sein Äußeres.
Das besagt freilich keineswegs, daß auch nur ein einziger unserer Männer Durchschnitt ist. Niemals! Jeder ist ein Individuum von erheblicher Schönheit. Denn was die Natur ihm nicht freiwillig gibt, schafft sich er neuerdings – wie die Frauen – durch Kunst. Vorbei die Zeiten, wo sich Ehemänner heimlich an der Kosmetikserie der teuren Gattin vergriffen, um erste Fältchen zu glätten. Jetzt kaufen sie kühn, und ohne erst die Weihnachtsgeschenke abzuwarten, vom eigenen Geld selber ihre Cremes, Wässerchen, Deos und Parfüms – sehr zur Freude der Hersteller, die eine immer größere Umsatzsteigerung verbuchen.
Aber damit nicht genug. Zwar gehen sie nicht mehr zum Barbier, um sich rasieren zu lassen. Dafür suchen sie den Coiffeur auf, der shampooniert und fönt und mit dem neuesten Haarschnitt die Gesichtsform künstlerisch umrahmt, den Hinterkopf heraus- und das Selbstbewußtsein anhebt. Ein paar blonde Strähnchen da und dort verleihen dem Haar den apart-jugendlichen Schimmer. Nötigenfalls verdeckt eine passende Tönung das erste Grau und eine leichte Dauerwelle gibt Fülle. Wo sie schon fehlt, verdeckt ein zierendes Toupet die kahle Stelle.
Der Mann schleicht auch nicht mehr wie früher im Schutz der Dunkelheit und mit vorgehaltenem Hut in Kosmetiksalons. Vielmehr bekennt sich der Jüngling offen zu seiner Akne und läßt sich von zarter Hand die Wimmerl ausdrücken. Der reifere Herr betritt lechzend von Schönheitsdurst die Kabinen. Hingegossen und bedeckt mit weißen Tüchern überläßt er sich den Gesichtsmasken, Gurkenscheiben, Kräuterdämpfen, Massagen und Messerchen, mit denen die Fachfrau seine Grießkörner entfernt und seine Falten glättet. So entschreitet er wohlduftend und leicht gepudert, um Stirn und Brust – diese freilich unbehandelt – dem Lebenskampf erneut zu bieten.
Es sei denn, er sucht obendrein auch noch das Bodybuilding-Studio auf, wo er trimmend, ächzend und schwitzend seine Idealfigur zu erreichen sucht. Der Bauch schwindet beim anschlie-

ßenden Saunagang dahin, bis er ihn mit Bier wieder auffüllt. Wie auch immer: Loben wir ihn, wenn er heimkommt.
Denn er tut es nicht oder nicht nur aus Eitelkeit, sondern mit gutem Grund: damit er bei der nächsten »Freistellung« von Arbeitskräften keinesfalls als nicht mehr ganz knackfrischer Vierziger erkannt und unter die »nicht mehr vermittelbaren älteren Arbeitslosen« eingereiht wird.

Jetzt pressierts!

Kennen Sie überhaupt noch eine Gelegenheit, wo es nicht pressiert? Schwer zu finden, gell?
Von berufswegen darf unsereiner freilich kein Wort gegen Funk und Fernsehen sagen. Bloß als Gebührenzahler fühlt man sich doch gedrängt, wenn der Moderater immer sagt: »Nur noch ganz schnell . . . wir haben keine Zeit . . .« Da kann sich jemand ein noch so schlaues Argument zurechtlegen: mitten im Satz kommt ein Schnitt. Weils eben pressiert.
Auch in der Studioküche kann man kaum so schnell schauen, wie der Koch arbeitet. Alles ist schon abgewogen, präpariert, kleingeschnitten, gehackt, aufgehäuft und eh Sie überhaupt was erkennen, rührt er bereits gschwindgschwind die vermusten Tomaten unter den Sellerie. Oder war das Rote der Paprika? Schneller schaun, meine Damen! Es pressiert!
Nun könnte sowas geradezu ehezerstörend wirken, wenn der Mann dabei denken würde: »Ja, Herrschaftzeiten, was macht denn die Meine so lang in der Küch, wenn das alles im Handumdrehen geht?« Denkt er aber nicht, weils ihm bei seiner Bastel-

stube und in der Mustergärtnerei genauso geht, wo es heißt: »Wir haben das Untere nach oben gewendet, links nach rechts versetzt und ... die Samen, die hier als Pflanzl vorliegen, pikiert und in die Mitte zwischen ... « Und schon ist das Endprodukt da. Aus und vorbei. Weils pressiert!

Und erst im Auto! Wissen Sie, wie lang Sie von München nach Rimini im Höchsttempo brauchen? Genauso lang wie auf die gemächliche Tour, bloß mit mehr Benzin. Das ist getestet. Nützt uns aber nix, weils uns eben pressiert!

Es gibt zwar viele Einsichtige, die sich freiwillig an die empfohlenen 130 halten. Irgendwo soll auch ein Naturschützer gesichtet worden sein, der zur Abgasminderung nie über 100 fährt. Aber dem zeigt dann sicher ein Uneinsichtiger mit der Lichthupe, wie der Hase läuft beziehungsweise wo er beim nächsten Stau steht. Da trifft er auf den Besserwiesser, der hinter ihm auf der Überholspur war. Und mit dem allein richtigen Tempo alle Nachfolgenden abgebremst hat. Dem pressierts jetzt mit dem Notieren der Nummer des Sünders zwecks nachfolgender Anzeige. Denn er ist einer von jenen 99 Gerechten, von denen es schon in der Bibel heißt, daß die Freude über sie im Himmel vergleichsweise mäßig ist. Obs da droben für alle die Eiligen motorisierte Spezialflügel gibt?

Besser wärs, wenns herunten etwas langsamer ginge. Müssen eigentlich unsere Politiker wie die Rasenden hin- und herdüsen? Bitte, der Herr Columbus hat ganz gemächlich und per Segelschiff Amerika entdeckt. Der mächtige Kaiser Karl V. hat zu Pferd ein Reich regiert, in dem die Sonne nie untergegangen ist, so groß wars. Und gar die alte Queen Victoria, Königin von England, Kaiserin von Indien! Sie ist die meiste Zeit dick und still daheimgesessen, bis die Weltmacht perfekt war. Erst als unser Kaiser Willy der Ringelbärtige entdeckt hat, daß uns ganz pressant die Seefahrt nottut, da wars aus mit der Gemütlichkeit und bald darauf auch mit ihm.

Das Tempo allein bringt eben nichts, schon gar nicht, wenn man tausend Jahre auf zwölf beschleunigt.

Also, langsam, immer schön langsam, damit nix schiefgeht!

Andernfalls müßt man schwarzsehen für ein Land, bei dem Tempo, Zahl und Spesen der Regierungsmannschaftsreisen so horrend zunehmen wie nie zuvor. Ich sag aber nicht, daß das leider bei uns der Fall ist. Sonst heißts gleich, ich hätt was gsagt.

Klarheit

Was war jetzt gleich wieder unser letzter Lebensmittelskandal? Das war . . . der Dings, der . . . no, der letzte war es auf keinen Fall. Die vorletzten und vorvorletzten Alarmnachrichten sind schon vergessen so wie die 1351 österreichischen und 50 deutschen Glykolweine. Oder waren es mehr? Längst sind sie weggegossen. Oder vielmehr entsorgt, wie wir so gern sagen, wenn wir unsere Sorgen nicht mehr loswerden.
Das mit den Bäbä-Eiernudeln war sowieso nur halb so schlimm. Würmer in Fischen sind bis zu einem gewissen Grad natürlich. Warum sollte der Naturliebhaber nicht auch Würmer lieben? Er kann ja dafür die kunstvoll gemixten Würzsoßen weglassen und das Öl mit den krebserregenden Bestandteilen. Und vielleicht auch das Schweinefleisch, das Kalbfleisch, das Wildfleisch, die Hendl, die Innereien. Alles war schon irgendwie einmal in den Schlagzeilen. Obwohl uns die Wahrscheinlichkeitsrechnung sagt, daß anderes nachkommt, schließen wir lieber die Augen und glauben, daß nicht sein kann, was nicht sein darf.
Wenigstens wissen wir genau, was sein darf! Das steht in unserem Lebensmittelgesetz, das eines der besten der Welt ist. Heißt es. Man braucht sich nur das Verzeichnis zu besorgen, dann kennt man sich sofort aus.
Angenommen, Sie lesen auf irgendeinem Produkt die Angabe: Enthält E 141. Ein Blick in Ihre Liste genügt und schon wissen

Sie: Es handelt sich hier um kupferhaltige Komplexe der Chlorophylle und Chlorophylline. Oder E 171: Titandioxid. Oder E 153: Carbo medicinalis vegetabilis. Lauter Farbstoffe.
Sie können sich aber auch einen Konservierungsstoff heraussuchen, sagen wir E 214 bis E 219. Da kriegen Sie dann p-Hydroxibenzoesäureester in Klammer PHB-Ester. Oder wollen Sie das reine Thiabendazol unter Nummer 233? Oder lieber Antioxidationsmittel? Wozu die gut sind? Mei, das steht nicht dabei.
Da müssen wir uns halt selber ein bisserl damit beschäftigen. Damit wir draufkommen, ob sich die Methylzellulose von Nummer 461 mit den Mono- und Diglyzeriden von 470 verträgt oder ob wir besser die Polyglyzerinester von 475 mit dem Butylhydroxisowieso kombinieren sollen. Dann können wir unser Essen sehr viel passender zusammenstellen. Einen Professor zu fragen, nützt uns nämlich gar nichts. Weil uns keiner sagen kann, wie sich selbst an sich harmlose Stoffe bei ihrem Zusammentreffen mit anderen in uns auswirken. Sicher ist nur, daß hier zwei mal zwei nicht vier, sondern sehr viel mehr ergibt. Was? Das Ergebnis kennt keiner. Indessen hilft uns die Philosophie. Und die heißt auf bayrisch: sei tuats was.

Kreatives Kochen

Neulich hat ein Kochkünstler ein vernichtendes Urteil über Köchinnen gefällt. Ich nenne lieber seinen Namen nicht, weil diese Herren sowieso mehr Reklame haben, als ihrer Eitelkeit gut tut. Sagt er doch glatt: Den Frauen fehlt für die wahrhaft feine Küche die nötige Prise Kreativität!

Ganz unrecht hat er nicht. Sagen auch andere Männer. Weil Frauen überhaupt nicht sehr schöpferisch sind! Die paar Malerinnen, Komponistinnen, Dichterinnen, Dirigentinnen sind gar nicht der Rede wert – drum ist auch kaum von ihnen die Rede. Und selbst die sind nur hochgekommen, weil die Männer sie nicht nachdrücklich genug an den häuslichen Herd verwiesen haben! Da gehört die Frau hin und ist brav, fleißig – und unkreativ. Meinen die Männer.

Tatsache ist: die Nouvelle Cuisine verdanken wir der kreativen Manneskraft! Unsereins hätte doch gar nicht gewagt, einem Erwachsenen die modischen Gemüsepapperl für Zahnlose zu servieren! Und den kunstvoll aufgeschäumten Brei aus Nix und einem Basilikumblättchen! Wer von uns hätte sich je erkühnt, Wasserreis in Gold zu wickeln, bis sämtliche Nicht-Mitesser empört aufschreien? Und wer zahlt für ein derartiges Menü 235 Mark 50 oder was? Sowas bringen nur Männer fertig.

Wir Frauen dagegen, o mei! Wir versorgen wie eh und je für billiges Geld die ganze Familie mit knusprigem Schweinsbraten, lockeren Dampfnudeln und flaumigen Grießnockerln. Und das ist auch gut so, meint der Spitzenkoch. Denn die echte kochkünstlerische Küche wär viel zu anstrengend für uns! Die körperliche Belastung ist dabei riesig! Der Lebensrhythmus ungeheuer anstrengend! Sagt er.

Dagegen im Haushalt – was ist das schon: Die paar Tonnen Nahrungsmittel, die wir lebenslang heimschleppen, die Tränenflüsse, die wir beim Zwiebelschneiden vergießen, die kilometerlangen Apfelstrudel, die wir rollen: ist ja alles recht und schön! Bloß eben nicht kreativ. Oder vielleicht doch? Wie wärs mit einer Quotenregelung: 30 % Frauen an die Spitzenküchenherde – und dafür 30 % Männer an die Kartoffelschäler? Und dann einen Wettbewerb ausschreiben. Was bei den Kochkünstlerinnen wohl rauskäme? Wahrscheinlich nicht bloß zwei Scheiben roher Fisch an einer Mousse au Pipifax.

Krähen

Haben Sie es auch in Ihrer Zeitung gelesen: Ein Allgäuer Makler hat wochenlang gegen Krähen gekämpft. Und zwar akustisch: Lärm gegen Lärm. Die Saatkrähen haben auf ihre Weise Laut gegeben und der Mann auf die seine: Vogelkreischen einerseits und Blecheimertrommeln andererseits. Damit wollte er die Krähen vom Nisten auf dem Gelände abbringen, wo er drei Neubauten errichtet hat.
Aber die Vögel haben gesiegt, weil sich Tierfreunde für sie eingesetzt haben. Und weil die Bewohner durch den Krach des Maklers mehr gestört waren als durch die paar Krähen. Die herbeigerufene Polizei hat den Mann mehrmals verjagt und ihm zum Schluß Bußgeld angedroht. Für jeden krähenfeindlichen Ton werden in Zukunft 100 Mark fällig! Jetzt hat der Mann aufgegeben, weil er nicht einmal mehr klatschen darf. Denn auch dagegen haben sich die Anlieger mit Hilfe der Polizei gewehrt. Und mit Recht. Denn Saatkrähen sind geschützt.
Sie sind lang und sehr zu Unrecht verfolgt und fast ausgerottet worden, weil sie Getreidekörner wegpicken. Das schadet zwar nicht viel. Im Gegenteil, das nützt sogar der EG. Sie muß dann weniger intervenieren – was auf deutsch »vernichten« heißt. Aber wer wird das so deutlich und auf deutsch sagen, wo alle Jahre Millionen Tonnen kostbarster Nahrungsmittel und Milliarden Mark beim Kaputtmachen draufgehen. Die Krähen allein helfen allerdings nicht genug beim Sparen, weil sie in der Hauptsache Käfer, Würmer, Maden und sogar Mäuse verzehren.
Jetzt also können sie sich in Ruhe vermehren – vielmehr mit den zum Nestbau gehörenden krähischen Liebesliedern. Saatkrähen erfreuen sich nicht nur einer durchdringenden Stimme, sondern auch eines ausgeprägten Familien- und Gemeinschaftssinnes, eines langen Lebens und einer rührenden Standorttreue. So ein

Viecherl kann zwanzig Jahre alt werden und überträgt dabei seine Heimatliebe auf eine zahlreiche Nachkommenschaft.
Ist das nicht wunderschön?
Triumph! Und ein Hoch für die Tierfreunde!
Obwohl es sein könnte, daß bis zur Drucklegung dieses Buches schon ein Verfahren gegen den Grundbesitzer wegen Duldung unerträglichen Lärms auch während der ortspolizeilich vorgeschriebenen Ruhestunden läuft. Und wegen gesundheitsgefährdender Verschmutzung von Balkonen, Fensterbrettern und Vorgärten? Vielleicht steht gar schon was in der Zeitung?
Denn wir alle schützen Tiere sehr, sehr gern.
Wenn sie uns nicht zu sehr stören.

Krawatten

Die Krawatte dient der optischen Trennung des männlichen Rumpfes vom Hals, der Erzeugung von Atembeschwerden und Schweißausbrüchen sowie als Merkzettel für gehabte Mahlzeiten. Sie schlagen sich deutlich sichtbar mit Suppen- und Soßenflecken darauf nieder.
Diese Meinung über den Nutzen einer Krawatte ist zwar weit verbreitet, aber falsch. Ihre Aufgabe ist vielmehr, den Mann zu schmücken, und zwar von Saison zu Saison an gleicher Stelle, aber auf andere Weise. Behauptet das Deutsche Krawatteninstitut und legt zu gefälliger Auswahl jedes Jahr neue Modelle vor.
Das ist einmal die sogenannte City-Krawatte: 8 cm breit, mit »weit gefächertem Qualitätsspektrum«. Sagen die Fachleute.

Unsereins erkennt darin lediglich das Übliche zum Umbinden. Auch die »festliche Krawatte« kommt uns recht bekannt vor: sie ist silbergrau. Mit Musterl: »Dezent, aber kontrastreich.« Also unauffällig gegensätzlich. Schwierig. Aber irgendwie wirds schon gehen.
Verdächtig neu erscheint zunächst die »Weekend-Krawatte mit sportlichen Touch« und »rustikal-handwerklicher Optik in Web- oder Stricktechnik«. Bei näherer Betrachtung erweist sich das übersetzte Krawatten-deutsch-englisch als beruhigend altes Modell. Es ist das gleiche, das wir dem Papa früher zu Weihnachten mit feuchten Fingern zusammengenadelt haben. Nur ist es jetzt natürlich viel teurer. Und exakt 5,5 cm breit.
Revolutionär hingegen ist die »Avantgardistenkrawatte«. Sie ist volle 10 cm breit! Vorn ist sie konisch oder flaschenförmig geschnitten. Der Knoten aber wird lang und schmal gebunden, so daß das Vorderteil sehr kurz ist. Nähere Anweisungen über das lang baumelnde Hinterteil fehlen. Vermutlich verschwindet es unter der Knopfleiste des Hemdes, wie beim Träger einer Fun-Krawatte. Dieses übersetzte Spaß-Krawatterl ist aber bloß 4,5 cm breit und wird mit neumodisch heruntergezogenem Knoten zum aufgeknöpften Hemd getragen. Sagen Sie nicht, das ist nicht neumodisch, der Ihre macht das immer schon so, wenn es heiß ist. Jetzt ist es eine offiziell bestätigte Novität!
Fehlt noch das Schleiferl zum Abendanzug. Vom Forschungsminister aufwärts und von Damen darf es auch tagsüber und sogar zu T-Shirts getragen werden.
Moment – da stimmt doch irgendwas nicht. Die Mode mit dem Schleiferl um den nackten Damenhals war doch schon ... wann war das?
Tatsächlich! Jetzt hab ich die Vorschläge für die Krawattenmode von 1985 erwischt! Aber die City-Krawatte, die silbergraue und die dingsda ... die tragen doch unsere Herren noch heute! Oder sehen Sie, meine Damen, vielleicht was Neues an dem Ihren?
Männer sind eben – vor allem bei Krawatten – gern konservativ. Und tragen am liebsten immer das gleiche Modell: das mit den Soßen- und Suppenflecken.

Lärm

Der Lärm gilt als Störfaktor und Krankmacher Nummer eins. Das ist durch Umfragen belegt. Ein Allgäuer Bauer hat kürzlich sogar behauptet: Durch den Hubschrauberlärm wird den Kühen die Milch im Euter sauer. Wörtlich hat er das wohl nicht gemeint. Aber daß der Lärm das Vieh verschreckt und daß sich das auf die Milchleistung auswirkt, ist möglich.
Ein Kollege von ihm prozessiert, weil seine Zuchtsauen überdurchschnittlich viel tote Ferkel zur Welt bringen, wenn nebenan auf dem Dach eine Sirene losgeht. Die Versicherung meint: Selber schuld! Mit Totgeburten hat er rechnen müssen! Er hätte eben nicht auf Schweinezucht umstellen sollen! Sein früheres Mastvieh hat die Sirene blendend vertragen.
Jawohl: blendend. Weil der Verlust in der Mastleistung leichter zu übersehen ist als ein totes Ferkel. Zumal wenn der Versicherungsfachmann nur am Schreibtisch sitzt.
Argumente sind Glückssache. Gerichtsurteile manchmal auch. Zumindest erscheint das uns Laien oft so. Schon Entscheidungen über Kleinigkeiten, die »im Namen des Volkes« getroffen werden, lassen uns leicht verwirrt zurück – vom Großen gar nicht zu reden.
Oder verstehen Sie, warum der Bau einer Schallschutzmauer gegen einen krähenden Gockel der richterlichen Weisheit letzter Schluß war? Wie werden unsere Eigenheimsiedlungen ausschauen, wenn das als Musterurteil auch gegen gackernde Hühner, bellende Hunde, klickende Tischtennisbälle und skatdreschende Männer im Vorgarten herangezogen wird? Der nächste Anti-Gockel-Krähprozeß ist bereits angestrengt.
Oder schon entschieden? Oder war das der Prozeß gegen blökende Schafe? Oder gegen Bachrauschen? Kuhglockenläuten war auch einmal Prozeßgegenstand. Dürfen die jetzt eigentlich läuten oder nicht? Man verliert ja direkt die Übersicht. Frösche

jedenfalls dürfen am Ende eines langen Instanzenweges nun dank des letzten richterlichen Entscheidens quaken. Und Überschallflieger dürfen donnernd fliegen. Dies merkwürdigerweise, obwohl Scheiben springen, Kirchen Risse kriegen und Alte und Kranke einen Nervenschock. Kinder schreien erschreckt auf – was sie aber wiederum beim Spielen nicht dürfen, wenn das Ruhebedürfnis der Erwachsenen irgendwie . . . irgendwann . . . irgendwo . . . gestört wird oder was. Wie gesagt: das ist alles kompliziert und unbegreifbar.
Oder finden Sie eine Antwort auf die Fragen: Warum machen uns Kleinigkeiten so reizbar? Warum gehen wir so häufig vor Gericht? Könnte es sein, daß wir unseren Rechtsstaat mit einem Staat für Rechthaber verwechseln?

Leberkäs-Tragödie

Leberkäs – nein, nicht Leber*käse* – ist ein wichtiges bayrisches Nahrungsmittel. Er enthält keinen Käse. Und Leber nur bei den Franken, denen ihre Extrawurst von Herzen gegönnt sei. In jedem Fall aber zählt er zu den unentbehrlichen Bestandteilen einer nahrhaften und preiswerten Brotzeit.
Das glaubte auch ein Kunde an einem Schnellimbiß – oder vielmehr ein aufgeklärter Verbraucher. Wie es sich für einen solchen gehört, betrachtete er das Verkaufsgeschehen mit der empfohlenen Aufmerksamkeit. Und so kamen ihm gewisse Zweifel, die in einer Tragödie kulminierten.
Wie das in besseren Tragödien üblich ist, begann das Verhängnis mit einem zunächst erfreulichen Akt, nahm dann aber einen immer dramatischeren Verlauf.

Als erstes beförderte die Verkäuferin entsprechend dem Wunsch des Kunden mit einer Gabel ein ansehnliches und appetiterregendes Rankerl auf ein Pappdeckelschälchen und daraufhin beides zusammen auf die Computerwaage. Die zeigte exakt 202 Gramm.
Zweiter Akt: Die Verkäuferin gabelt den Leberkäs auf ein Pergamentpapier, um auf dem Schälchen wie vorhin den ebenfalls gewünschten Kartoffelsalat zu wiegen. Ergebnis: 235 Gramm. Beide Nahrungsmittel wieder froh vereinigend, schiebt sie das üppig gefüllte Schälchen dem Hungrigen unter rascher Nennung des Gesamtpreises zu. Pause.
Denn nun gerät der Kunde ins Nachdenken, das schließlich in jener Frage gipfelte, die alsbald das Drama zum Höhepunkt steigern sollte. Sie lautete: »Warum haben Sie eigentlich den Pappdeckel zweimal mitgewogen?«
Worauf die Verkäuferin ihn auf die landesübliche höfliche bayrische Art zu erwägen bat, wie sie denn anders handeln solle? Und ob er, der ganz der ander, vielleicht moant, sie kannt eahm an Kadoffisalat auf der nackaten Hand wiegn, ha? Und ob er vielleicht net siecht, daß de andern aa drokomma möchtn? Ja, eahm schaug o! Schama taat i mi, schaama!
Nun tritt, entsprechend dem klassisch-antiken Drama, der Chor auf mit einem Volksgemurmel, das sich bedrohlich steigert.
Der Mann ergreift Leberkas, Kartoffelsalat, die Flucht und die Initiative für einen weiteren Akt. Er schreibt an die zuständige Aufsichtsbehörde kurz zusammengefaßt etwa folgendes:
Die häusliche Waage ergab ein Pappdeckelgewicht von 0,018 kg. Da dieses Gewicht nach Leberkäs(e)preis von DM 16,– bezahlt werden mußte, erstanden Pappdeckelkosten von –,29 DM.
Des weiteren wurde beim zweiten Wiegen der Pappdeckel zum Kartoffelsalatkilopreis von DM 8,– erneut berechnet, was weitere –,14 DM ergibt, zusammen also –,43 DM. Bei zwölfmaligem Essen ergibt sich füglich ein Pappdeckelgesamtpreis von DM 5,16, was praktisch den Verlust einer ganzen Leberkäsundkartoffelsalatmahlzeit bedeutet. Hochachtungsvoll! –

Sagen Sie nicht, der Mann war ein Bürokrat und wahrscheinlich ein Preiß! Er war ein selbstbewußter Verbraucher und obendrein im Recht, wie ihm das zuständige Aufsichtsamt bestätigte. Die Firma stellte die wiegtechnische Unkorrektheit auch brav ab. Er sei daher gelobt und gepriesen! Und sein Sieg im letzten Akt kommt hinfort allen Brotzeitkäufern zugute.
Nur altmodische Bayern meinen, daß so viel Gschaftlhuberei mehr kaputtmacht, als sämtliche Pappadeckel wert san.

Logistik und Strategie

Im Lexikon steht als Erklärung für Logistik: Zweig bei der militärischen Führung, der für Materialversorgung, Transport- und Verkehrswesen innerhalb der Streitkräfte zuständig ist. Was Strategie ist, weiß jeder.
Daß aber Kaufhäuser neuerdings das Einkaufen und Verkaufen und die Auswahl vom Sortiment undsoweiter unter dem Begriff »Logistik« zusammenfassen, ist für manche vielleicht doch überraschend. Überhaupt geht es beim Kampf um den Kunden reichlich kriegerisch zu. Die Firmen entwickeln eine eigene spezielle »Strategie«, die bei den »preisaggressiven Kleinfilialen« beginnt und mit der »Umrüstung« von Weltstadthäusern noch lange nicht endet.
Selbstverständlich gehört zu diesem kriegerischen Handel auch die Vernebelung im Vorfeld. Deswegen sollen Begriffe eingeführt werden, unter denen sich der Kunde nur irgendwas Ungefähres vorstellen kann. Vermutlich, damit er auf der Suche nach vermeintlich Neuem durch die Irrgärten der Warenhäuser zieht.

Wenn Sie zum Beispiel nächstens ein Packerl Kuverts kaufen wollen, dann finden Sie das möglicherweise nicht mehr in der schlichten Papierwarenabteilung, sondern in der »Papetik«. Das klingt doch viel fescher, oder? Die junge Mode läuft unter »Joy«, auch wenn Sie die Preise weniger freuen, als das Wort sagt. Die Haferlschuhe kriegen Sie im »Runners Point«, an jenem Punkt also, wo alle hinrennen sollen, die gern rennen. Kinderkleidung gibts unter »Pico bello« – was alles oder nichts bedeutet. Das Bastlerzeug führt schon lange die Homeworker-Abteilung oder der Do-it-yourselfer-und-Hobby-Shop. Wer weiß, wie das noch weitergeht? Gegen das modische Pseudodeutsch ist kein Kraut gewachsen.
Also warum nicht Lebensmittel unter Lifesavers führen? Hüte in der Hütellerie. Schweinefleisch gibts in der Piggerei. Farben ... was gibts da ... Colour ... color ... Koloratur ... Nein, das ist vielleicht doch mißverständlich.
Aber irgendwie werden sie es uns schon noch beibringen in den Kaufhäusern. Auf jeden Fall so, daß sie uns auch weiterhin brav zum Zahlen bringen.

Mini

Der Minirock gehört zu jenen stillen, aber nicht unbeträchtlichen Freuden des Lebens, die um so größer sind, je kleiner die Röcke werden. Sagen die Männer.
Herren denken das nur. Und selbst das lediglich als Privatpersonen. Als Geschäftsleute sehen sie die schwindenden Längen mit höchster Sorge.

Klar, daß die Textilwirtschaft ins Schleudern gerät. Zehn, fünfzehn, zwanzig Zentimeter weniger pro Kleid machen für die Webereien ein Minus von x-tausend Kilometern Stoffbahnen. Die werden dann selbstverständlich mit viel weniger Faden zusammengenäht. Auch das schlägt durch bis zu den Spinnereien. Auf kleinerer Fläche haben weniger Knöpfe, Litzen und Spitzen Platz. Folglich geht bei Kurzwaren das Geschäft schlecht und schlechter.
Und erst die Konfektionäre! Sie stehen händeringend neben den vollen Kleiderständern, weil die sparsamen Frauen den modischen Touch einfach durch Kürzen eines längeren Rockes erzielen. Kluge Frauen betrachten sinnend ihre Beine und erinnern sich der Tatsache, daß das weibliche Knie zumeist die schwächste Stelle in der weiblichen Anatomie ist. Älteren Damen klingt gar der Spruch eines französischen Couturiers schmerzlich in den Ohren, der gesagt haben soll: »In Ihrem Alter, Madame, bekleidet man sich nicht nur. Man bedeckt sich.«
Und alle, alle, alle warten auf die nächste Saison.
Nur blinde, unkritische, junge und daher einkommensschwache Mädchen kaufen Minis. Wovon also soll die Textilwirtschaft leben? Und nicht nur sie. Der Mini wirkt weiter! Zwar ist umstritten, ob der freigelegte weibliche Oberschenkel den Niedergang der öffentlichen Moral markiert oder gar provoziert oder ob er lediglich Betrachter und Ärzte erfreut, die einschlägige Erkältungen behandeln. Daß er aber den Niedergang der Weltwirtschaft andeutet, ist ein Erfahrungssatz.
Hier kann leider nicht abgehandelt werden, inwieweit die Herren Gelehrten Keynes und Schumpeter den Minirock als bewegendes Element der internationalen Ökonomie erkannt und statistisch erfaßt haben. Erstens wird sonst das Buch viel zu dick und zu teuer. Und zweitens weiß ichs nicht. Bekannt ist aber, daß die Damenmode in auffälligem Zusammenhang mit dem Börsenhandel steht. Steigen nämlich die Rocksäume, fallen die Kurse von Aktien und Wertpapieren und mit ihnen die Kinnladen der Makler: die Wirtschaft liegt darnieder. Sinken hinge-

gen die Rocksäume, so gehen die Kurse, die Gewinne und die Mundwinkel nach oben: die Wirtschaft floriert.
Was folgt daraus?
Kaufen wir Wadenlanges, meine Damen! Verschenken Sie Abendkleider, meine Herren! Die Weltwirtschaft wird es Ihnen danken.

Ministerielle Ratschläge

Jeder von uns braucht gelegentlich Rat und Zuspruch. Oder vielleicht nicht? Von wem aber könnte Besseres kommen als von den Fachleuten, die in Ministerien an höchster Stelle sitzen und daher den größten Überblick über unsere »Sorgen und Nöte« haben, wie die Standardformulierung heißt.
Folglich sammelt ein gewissenhafter Mensch beizeiten solche Ratschläge, damit er oder sie im Ernstfall darauf zurückgreifen kann. Dazu gehören unter anderem folgende, hier allerdings verkürzt wiedergegebene Anweisungen:
Erinnern Sie Ihre Kinder daran, bei Kälte nur durch die Nase zu atmen! Das Ministerium empfiehlt bei winterlichem Wetter das Tragen von Wollmützen. Zahnschäden durch Süßigkeiten sind zu meiden! Man putze regelmäßig die Zähne. Vorsicht beim Autofahren! Achten Sie beim Urlaub auf die Nacherholung! Essen Sie Butter! Vermindern Sie den Fettverbrauch! Kompostieren Sie Gartenabfälle! Schonen Sie Igel! Schützen Sie die Natur!
Sagen Sie nicht, das wissen Sie schon. Das is ja 's Kreuz, daß wir ums Verre . . . naa, daß wirs einfach nicht tun! Drum muß unser Umweltminister Jahr für Jahr im Frühling mahnen, daß wir keine Palmkatzerl abreißen sollen, weil sie das erste Bienenfutter

sind. Sowas rauscht offenbar an unsern hartnäckig verschlossenen Bürgerohren ungehört vorüber.
Darum brauchen wir Broschüren, im Vierfarbendruck künstlerisch gestaltet. Hier wird uns deutlich erklärt, was Sache ist. Da lesen wir zum Beispiel: »Pension ist die Altersversorgung für Beamte.« Wer hätte das gedacht! Sie? Jetzt haben Sies immerhin schriftlich. Also merken und setzen!
Dabei ist sowas für den schlichten Bürgerverstand bei einfacher Formulierung noch faßbar. Was aber ist, wenn Sie ein spezieller »steuerlicher Veranlagungsfall« sind, hm? Das sind Sie nämlich, »wenn bei einem geschiedenen, dauernd getrennt lebenden unbeschränkt steuerpflichtigen Elternpaar oder bei unbeschränkt steuerpflichtigen Eltern nichtehelicher Kinder die Übertragung des Kinderfreibetrages oder der Anteil am abzuziehenden Ausbildungsfreibetrag durch einen Elternteil beantragt . . . «
Wer mosert da schon wieder? Lassens doch unsern Finanzminister seine Bürgertips fertigschreiben! Es kommt doch noch was!
». . . beantragt wird oder wenn der einem Kind zustehende Pauschbetrag . . . « Gut, mach ma halt an Punkt. Obwohl der im Ratgeber erst auf der nächsten Seite zu finden ist – nach weiteren 27 Zeilen.
Nehmen wir eine andere wunderschöne ministerielle Erklärung: »Sport und Bewegung helfen nicht nur gesünder zu werden, sie steigern durch Eigeninitiative und Selbstaktivität auch die Lebensfreude.« Eigeninitiative! Selbstaktivität! Ist das nicht Zucker! Allein der Klang dieser Worte muß doch jeden Schifahrer glatt aus dem Gipsverband reißen.
Und wenn gar unsere lieben Juristen volkstümliche Broschüren verfassen! Mmm! Bitte, genießen Sie mit: »Testamente können bei einem frei zu wählenden Amtsgericht hinterlegt werden, um ihre sichere Aufbewahrung bis zum Tod und ihre Auffindung alsbald nach dem Tod des Erblassers zu gewährleisten.« Ist das nicht genial? Unsereins hätte blöd und laienhaft gesagt: »Testamente können beim Amtsgericht hinterlegt werden. Dort sind sie sicher verwahrt und notfalls sofort greifbar.« Damit wär doch

der ganze Schmelz weg, der uns zeigt: Hier hat sich ein Fachmann auf höchster Ebene oder vielmehr auf seinem Sessel für uns den darüber befindlichen Kopf zerbrochen, vermutlich bei Nasenatmung und ohne Wollmütze in Selbstaktivität, wenn auch vielleicht nicht in Eigeninitiative.
Und das, wo ein Minister plus Stab eigentlich weniger fürs Ratgeben als füs Regieren bezahlt wird. Da heißts fei einteilen!

Moderne Ernährung

Eine alte Benimmregel für Kinder lautet: »Was auf den Tisch kommt, wird gegessen. Und zwar so lang, bis der Teller leer ist.« Das führte zu Übergewicht oder umgekehrt zu Eßunlust, auf jeden Fall aber zu Machtkämpfen, Streit und Tränen und schließlich zu der Erkenntnis: So kann es nicht weitergehen. Daher hat in modernen Familien das Kind bei der Nahrungsaufnahme die freie Wahl. Das führt zu Übergewicht oder umgekehrt zu Eßunlust, in vielen Fällen auch zu Tränen. Diesmal aber vergossen von der tiefgekränkten Mutter, die selbst für ein kunstvoll zubereitetes Soufflé à la Soundso keine Esser gewinnen kann.
Es soll sogar Jugendliche geben, die ihr Lieblingsgericht – Pommes frites mit Ketchup – bei häuslicher Zubereitung mit dem Ausdruck tiefster Verachtung zurückweisen, weil nichts so echt ranzig schmeckt wie an der Frittenbude.
So träumt sich manche Mutter in die Vergangenheit der praktischen Zwangsfütterung zurück. Der Traum erübrigt sich, denn er ist längst bei allen Charterflügen Wirklichkeit geworden. Das Verfahren ist streng, aber ungemein wirksam.

Der potentielle Nahrungsaufnehmer wird auf kleinstmöglicher Fläche entweder unentrinnbar festgeschnallt oder durch körpernahe Nachbarn absolut bewegungsunfähig gemacht. Durch seitlichen Druck werden ihm die Arme an den Körper gepreßt; der Vordersitz und ein zusätzliches Klapptischchen verhindern jede Bewegung seines Körperunterteils; eine hohe Rücklehne macht ein Ausweichen des Kopfes mit dem darin angebrachten Mund unmöglich: die typische Flugsitzeßposition.

Nun bekommt der Hungrige ein Kunststofftablett vorgesetzt, in dem wohlverpackt liegt, was er sonst nicht mag: eiskalter Schinken, eine Scheibe zähes Beaf, zwei salzige Radl Wurst, garniert mit einem unmarinierten Salatblatt; in einem Seitenfach ein rätselhaftes Gemisch aus Mayonnaise und kleingehackten bläßlichen Bestandteilen; abseits ein Bütterchen, eventuell ein semmelartiges Gebilde, eine Schnitte Leder, die einer Brotscheibe ähnelt, ein Käseeckchen billigster Art, ein Behälterchen, dessen Aufschrift den grauen Inhalt als Leberwurst kennzeichnet, sowie ein farbiges Konstrukt, das den Verdacht erweckt, eine Süßspeise zu sein.

Dieser Kombination aus Kohlehydraten, Fetten und Nukleinsäuren sitzt nun der Eingeklemmte hilflos gegenüber. Denn die beigelegten Kunststoffmesserchen und -gäbelchen erweisen sich weder als schnitt- noch als stichgeeignet.

Jetzt aber geschieht ein Wunder: Das anscheinend unbezwingbare Gesamtkunstwerk versetzt den Gefangenen in einen solchen Zustand von Raserei, daß er zu einem besinnungslosen Vernichtungswerk wider sämtliche kaubare Bestandteile ansetzt. Das kann so weit gehen, daß er am Ende sogar Brotreste, Pfeffertütchen und Besteck einpackt in der Wahnvorstellung, er könne derartiges jemals noch gebrauchen. Am Ende bleibt nichts zurück als das Gefühl erfüllter Pflicht sowie eine mittlere Magenverstimmung.

Daran aber gewöhnen sich Fluggäste offenbar. Sonst wäre es nicht möglich, daß diese Art der Abfütterung immer weiter mit solchem Erfolg praktiziert wird.

Vielleicht sollten Sie es daheim auch einmal versuchen?

Müll

Derzeit fallen jährlich rund sieben Zentner Müll auf jedes bundesbürgerliche Haupt. Gottlob bloß statistisch. Aber auch das ist mehr als unsere Müllkippen noch tragen können. Dabei ist der Seelenmüll noch gar nicht mitgerechnet, den manche Menschen Tag für Tag abkriegen.
Gehören Sie auch zu denen, die nur »Guten Morgen« zu sagen brauchen und schon lädt ihr Gegenüber alle Sorgen auf sie ab: den mangelnden Nachtschlaf, kombiniert mit dem Greinen eines benachbarten und nicht einmal verwandten Kleinkindes, sowie etliche Mückenstiche, Allergien und Verdauungsstörungen, fällige Ratenzahlungen und kaputte Waschmaschinen mit fehlenden Handwerkern?
Es ist unglaublich, was manche Menschen erdulden müssen! Bedrängt von treulosen und obendrein schnarchenden Ehemännern bzw. verständnislosen Ehefrauen tragen sie still ihr bitteres Los, bis sie endlich auf einen geeigneten Seelenmüllschlucker treffen, der meistens eine unfreiwillige Schluckerin ist. Auf sie wird alles abgeladen, was zwischen Plattfüßen und Haarausfall liegt. Weder der niedere Blutdruck noch der hohe Cholesteringehalt bleibt ihr erspart, nicht der unmögliche Chef und nicht die möglichen Gefahren, die Kindern und Enkeln drohen. Jetzt endlich können sie ihr gequältes Herz ausschütten, in dem Tante Klaras mißglückter Geburtstag sowie der Mathe-Sechser des Jüngsten und die unglückliche Liebe der Ältesten bisher wohlverschlossen ruhten.
Eine erfahrene Seelenmüllwerkerin lauscht allem schweigend und führt auch nicht den kleinen eigenen Kariesbefall zum Ausgleich ins Treffen, sonst wird sie sofort mit einer überteuerten Jackettkrone ausgepunktet, deren Besichtigung gurgelnd freigegeben wird, ehe die grau-en-voll schmerzhafte Montage und

die Kosten wegen der fürchterlichen Gesundheitsreform aufgeschlüsselt werden.
Danach entschreiten die Berichterstatter zufrieden unter Hinterlassung von Erbstreitigkeiten, Hühneraugen, Kreuzschmerzen und anderen Übeln, während die Seelenmüllwerkerin erschüttert zurückbleibt und entkräftet nicht einmal mehr »Auf Wiedersehen« hauchen kann.
Das ist auch nicht nötig. Denn das Wiedersehen bleibt ihr sowieso nicht erspart.

Naturfreunde

Wie schön, daß es immer mehr Naturfreunde gibt! Gar seit ein Bundespräsident mit einer geballten Ladung von Teilnehmern durch Wald und Flur zog, ist das Wandern nicht nur seine und des Müllers Lust, sondern auch die der vielen Meiers, Hubers, Schmitts und so weiter. Während sie ihre Augen glückselig über die Wunder der Natur schweifen lassen und ihre Herzen und zuweilen auch ihre Stimmen sich froh erheben, trampeln ihre soliden Schuhe nieder, was ihnen in den Weg kommt.
Denn mit jedem Tritt verdichten sie den Boden, unter dem die Wurzeln von Gräsern, Blumen und Bäumen absterben. Die Tiere werden weniger. Die Natur hält die Liebe, die wir ihr immer öfter entgegenbringen, kaum mehr aus.
Deswegen haben sich Naturschützer gedacht: »Wir verbreitern und asphaltieren die Wege, damit die immer zahlreicheren Wanderer Platz haben. So bleiben sie da, wo das Gehen bequem ist und lassen den Rest der Landschaft unberührt.«

Die solchermaßen gepflegten Wege wurden immer attraktiver. Von weither kamen wanderfreudige Autofahrer. Sie brauchten Zufahrtsstraßen und Parkgelegenheiten. Und sobald sie die hatten, kamen immer mehr: so daß die stillen Wanderer von den nun überfüllten Wegen in ruhigeres Gelände auswichen und dort wieder auf neuen Wegen den Boden verdichteten undsoweiter undsoweiter . . .
In der Schweiz gibt es ein Gesetz: Wenn ein Wanderweg durch Straßenausbau verlorengeht, muß ein Wander-Ersatzweg angelegt werden. Da die Schweizer jährlich 1000 Kilometer zuasphaltieren, kann man sich ausrechnen, wann es dort endgültig nichts mehr zu durchwandern gibt. Obzwar die mögliche Wanderfläche in der Schweiz größer ist als die Grundfläche: die Berge sind ja auch nach oben hin begehbar. Soweit sie nicht bloß mehr befahrbar sind mit Bergbahnen und Schiliften.
Trotzdem haben die Golfer zwischendrin noch ein freies Stükkerl entdeckt: auf 2280 Metern Höhe. Auf diesem Niveau ließe sich gut ein Golfplatz anlegen. Meinen sie. Natürlich nur für Gäste, die selbst auch dieses hohe Niveau haben. Zumindest finanziell.
Was bleibt da dem minderbemittelten echten Naturfreund noch übrig? Soll er sich vielleicht mit der Betrachtung des hauseigenen Schnittlauchstockes auf dem Balkon zufriedengeben? Das wäre allerdings sehr wenig.
Bloß: Für die Natur wärs sehr viel, wenn wir nicht nur die Finger, sondern auch die Füße von ihr ließen.

Neue Schimpfwörter

Wissen Sie, was eine »Überwachungsmieze« ist? Ein peinlicher Fehlgriff in der Wortwahl.
So hat nämlich in einer öffentlichen Stadtratssitzung (ich möchte nicht verraten, daß es in München war) ein Mann in gehobener Stellung (auch den Namen spare ich aus) jene braven Frauen genannt, die sonst »Politessen« heißen. Sie füllen auf höchst erfreuliche Weise (zumindest für die Stadtväter erfreulich) mit Eifer und Strafzetteln für falsches Parken die städtischen Kassen.
Da fragt sich doch unsereiner: Ist das nicht Beamtenbeleidigung, wenn der Mann die Politessen »Miezen« nennt?
Nein. Denn Politessen sind nur Angestellte. Drum dürfte niemand dementsprechend einen Polizei*beamten* mit der männlichen Form einen »Überwachungskater« schimpfen. Das würde teuer! Denn die Beamtenehre wird vom Gericht als viel kostbarer eingestuft. Sie ist leichter verletzlich und kann nur durch größere Geldstrafen wiederhergestellt werden.
Andererseits darf aber auch ein Polizist zu einem nichtbeamteten Bürger keineswegs »Stachelbär« sagen, wie das kürzlich vorgekommen sein soll. Zwar ist die Normalbürgerehre nicht so empfindlich wie die Beamtenehre. Sie hält mehr aus. Aber »Stachelbär« als männliche Form des weiblichen Stachelschweins ist auch nicht gerade ein Kompliment, meinte der Richter.
Staunenswert ist allerdings die schöpferische und eher seltene Wortbildung, die sich hier zeigt. Denn zoologisch sind wir mit den Schimpfwörtern ziemlich am Ende. Es gibt nicht mehr viel Neues zwischen Ameisenbär und Zebra.
Wie wärs, wenn wir auf Pflanzennamen zurückgriffen? Da läßt sich noch allerhand Hübsches finden. Nach einem botanischen Lexikon käme für Frauen zum Beispiel in Frage: Brustwurz, Schminkwurz, Fetthenne; speziell für Hausfrauen: Hauswurz, nickende Küchenschelle oder betäubender Kälberkropf; für Stu-

P.

dentinnen: glattes Brillenschötchen oder buckelige Wasserlinse. Für Künstlerinnen: feinnervige Nabelmiere oder wilde Karde. Und für eher zweifelhafte Damen: kanadische Wasserpest oder schopfiges Kreuzblümchen.
Für Männer eignet sich ein anderes Pflanzensortiment. Allgemein benützbar ist: Teufelsabbiß, schlaffer Hahnenfuß, steifhaariger Löwenzahn. Für jüngere Herren eignet sich: grüner Knäuel; für ältere: klebriges Greiskraut. Für Politiker: zottiger Klappertopf, aufgeblasenes Leinkraut oder hohler Lerchensporn. Für härtere Naturen: Bocksbart, Bauernsenf und Blutauge. Wenn wir dann noch den krummen Fuchsschwanz und den dreiteiligen Zweizahn dazunehmen, haben wir eine schöne Auswahl, die vielleicht sogar unseren Spitzenpolitikern erlaubt, die einfallslosen Bezeichnungen »Trottel«, »Idioten«, »Sesselfurzer« und »Scheißer« aus ihrem Sprachschatz zu entfernen.
Es sei denn, alle erinnerten sich jenseits der Tier- und Pflanzenwelt an jene höflichen Umgangsformen, die in längst vergangenen Zeiten einmal für Menschen als angemessen galten.

Nicht nur – sondern auch

Nicht nur der nächste Winter kommt bestimmt, sondern auch die nächste Wahl. Und zwar nicht nur in andern Bundesländern, sondern auch in Bayern. Also sollten wir nicht nur vorausschauen, sondern auch zurückblicken. Der kluge Mensch lernt aus Erfahrung. Und zwar nicht nur als Wähler oder Politiker, sondern auch als Werbefachmann.

War das eine Reklame! Erinnern Sie sich noch an die Plakate von 1987? Nichts als Köpfe, Köpfe, Köpfe! Plus Parteienangabe. Das war doch vernichtend! Nicht nur für diejenigen, die danach Kopf und Kragen respektive ihr Mandat verloren haben, sondern auch zuweilen für die Gewinner. Wir Wähler sagen freilich leichthin, daß ab 50 jeder das Gesicht hat, das er sich verdient hat. Aber nicht nur darum geht es, sondern vor allem um das richtige Ausleuchten beim Fotografieren. Selbst die schönste Designerbrille verdeckt nur unzulänglich das horrende Übergewicht mancher Herren. Das verdanken sie nicht nur den vielen Arbeitsessen, sondern auch ihrer aufopfernden Anwesenheit bei ungezählten Partei-, Vereins-, Klub- und Wahlversammlungen, wo sie nicht nur essen, sondern auch trinken. Was nicht nur ihrer Figur, sondern auch ihrer Leber schadet. So daß wir nicht nur in unserm, sondern auch in ihrem Interesse gar nicht sorgfältig genug wählen können.
Wohl soll Caesar nach Auskunft von Lateinschülern gesagt haben: »Laßt dicke Männer um mich sein.« Andererseits wurde er ermordet. Und zwar von Brutus, der schlank war.
So war die Wahl der weitaus attraktiveren Kandidatinnen nicht nur wegen ihrer Schlankheit, sondern zuweilen auch wegen ihrer Schönheit problematisch. Nicht nur Männer, sondern auch Frauen glauben immer noch, schöne Frauen seien dumm. Und nicht nur das, sondern auch ... Aber für die gesammelten Vorurteile ist hier zu wenig Platz.
Übrigens waren nicht nur die Fotos ungünstig, sondern auch der zumeist weiße Untergrund der Plakate. Wie hätte eine Werbefirma ahnen können, daß es ausgerechnet im Winter 87 in Bayern schneit!
Das war aber nicht nur Pech, sondern auch Glück. Die Autofahrer wären doch rasend geworden, wenn Sie bei 50 Zentimetern Schneehöhe immer noch gelesen hätten: »Weiter so!«
Diesmal werden sich die Agenturen wohl allerlei Neues ausdenken. Hoffentlich nicht wieder für alle Parteien das gleiche, so wie damals, wo sie alle gegen Arbeitslosigkeit, für Freiheit und für Deutschland waren.

Es ist zwar wunderschön, wenn keine für Arbeitslosigkeit, für Unfreiheit und gegen Deutschland ist. Aber manche Wähler hat diese Gleichheit nicht nur irritiert, sondern geradezu vom Wählen abgehalten: Wenn alle das gleiche bieten, erübrigt sich jede Wahl.
Bestimmt nehmen die Parteien beim nächsten Mal nicht nur mehr Steuergelder von uns für ihre Wahlkostenerstattung, sondern auch einen neuen Anlauf. Sie schenken uns dann nicht mehr bloß Kugelschreiber, Luftballons und Vergißmeinnichtsamen, sondern auch mehr Aufmerksamkeit.
Was die bewirkt, merken wir allerdings erst nach der Wahl. Und da nicht einmal immer.

Nur für Männer

Ob Männer wirklich das stärkere Geschlecht sind, ist umstritten. Daß sie um die Taille herum stärker sind als die zugehörigen Frauen, ist in vielen Fällen nicht zu leugnen. So daß eines Tages die treue Gattin mit einem zärtlichen Blick auf die Leibesfülle des Angetrauten flötet: »Schatzi, willst nicht ein bisserl abnehmen?« Oder nach längerer Ehe: »Papa, dein Bauch muß weg, sonst machstas nimmer lang.«
In diesem Fall muß der tiefgetroffene Mann seine Geisteskräfte für Gegenargumente zusammenraffen, was ihm ohne weiteres gelingt, wenn er sich an die Qual vergangener Fastenzeiten erinnert. Dabei wird sein Blick asketisch, seine Wangen werden schmäler, sein Doppelkinn strafft sich, während er stolz sein Haupt erhebt und sinnend erwidert: »Sprichst du von der englischen Framinghamstudie, Schatz, respektive Mama?«

Sie stutzt, weil sie sich an die uralte Geschichte nicht gleich erinnert, während er fortfährt: »Diese Studie hat in der Tat ergeben, daß Dicke eher sterben. Aber nur, weil die Leute bald mit Stiefeln, bald mit Anzug gewogen wurden.« Hat er obendrein bereits das – gewiß noch jugendliche – Alter von 60 erreicht, wird er locker anfügen: »Im übrigen belegt die Statistik, daß Dicke in meinem Alter die gleiche Lebenserwartung haben wie Dünne.«

Damit hat er theoretisch die Angelegenheit bereits zu seinen Gunsten entschieden. Wenn nicht praktisch die Frauen in typischer Unbelehrbarkeit trotzdem sofort zur Bereitung von Schlankheitskost übergingen. Denn sie selber wollen auch abnehmen.

Nun wird der kluge Mann eine weitere Widerstandslinie beziehen. Falsch ist es, der Gattin zu sagen: »Laß das sein, Mama! Du nimmst bloß an der falschen Stelle ab und wirst dann recht faltig.« Das führt niemals zum Ziel, sondern nur zu einem Verdruß.

Der feinsinnige Mann argumentiert anders und äußert besorgt: »Du mußt an deine Knochen denken, Weibi! Es ist wissenschaftlich nachgewiesen, daß magere Frauen besonders häufig an Knochenentkalkung leiden. Willst du einen Schenkelhalsbruch riskieren? Oder lieber so mollig bleiben, wie ich dich gern hab?«

Worauf die tieferschrockene Frau sofort eine Schüssel voll Salat mit einem Tröpferl Öl anmacht und den Rest des Essens streicht. Denn »mollig« bedeutet für sie »fett«.

Ein Mann mit schauspielerischem Talent kann jetzt den letzten Versuch wagen, indem er wie ein Küchennapoleon auf ihre Niederlagen verweist, die sich durch viele Kochbücher im Regal dokumentieren: Hollywood-Diät, Eiweiß-Diät, Fettpunkte-Diät, Kartoffel-Diät, Vollwertkost-Diät. Dies und noch mehr haben sie gemeinsam tapfer und erfolglos hinter sich gebracht.

Sie nickt verständnisinnig, sinkt ihm, soweit möglich, gerührt an die Brust und sagt: »Aber diesmal hab ich ganz was Neues! Geh, tu halt mit, Schatzi, respektive Papa!«

Das ist der Augenblick, in dem auch der stärkste Mann weich wird. Ungeachtet kommender Leiden und Entbehrungen spricht er mutig ds große Wort: »Von mir aus, wennsd' wieder amal gar net aufhörst.«
Ja, so sind unsere Männer: Helden des Alltags! Starke und doch liebevolle Charaktere! Groß in Vernunft und Selbstüberwindung!
Das einzige, was ihnen jetzt noch fehlt, ist ein verschwiegener Metzger, der sie heimlich mit warmem Leberkäs auch über diese Fastenzeit hinwegrettet.

Öffnungszeiten

Nach langem Kampf setzen sich auch bei uns längere Öffnungszeiten in den Geschäften durch, so wie es in anderen Industriestaaten üblich ist.
Nicht, als ob jetzt ein Nachtarock noch sinnvoll wäre. Aber überlegen darf man schon, ob es nicht auch die Möglichkeit gegeben hätte, die Käufer durch beschleunigtes Tempo innerhalb kürzerer Zeit zu größeren Geldausgaben zu bewegen.
Aus Japan wird von einem Verfahren berichtet, das auf sportlich trainierende Weise die Kunden zu besonderer Geschwindigkeit anreizt. Ersonnen hat es ein Kaufhausmanager zusammen mit einem Universitätsprofessor. Die Sache oder vielmehr der Kunde läuft folgendermaßen:
In den Treppenhäusern des Warenpalastes sind drei Trimmpfade ausgesteckt, auf denen jeweils verschieden eingestellte Metro-

nome den Lauftakt angeben. Dementsprechend keuchen die Besucher zum Dachgeschoß.
Den Langsamen, Schildkröten genannt, diktiert der Taktgeber 120 Schritte pro Minute, etwa eine halbe Sekunde pro Stufe. Für die Schnelleren tickt er das Eselstempo mit 160 Schritten, die Fixen sprinten im Karnickeltempo mit 200 Schritten pro Minute. So kann jeder seinen Einkaufsbummel seiner Kondition anpassen und sie im wahren Sinn des Wortes laufend steigern.
Und das ist gut. Denn es gibt kein gesünderes Herztraining als das Treppensteigen. Wird behauptet. Folglich leben gesunde Käufer länger und können logischerweise auch bei kürzerer Öffnungszeit über Jahre hinweg mehr kaufen. Oder denken die Kaufhausbesitzer auch noch an mittelfristige Steigerung des Umsatzes? Auszuschließen ist es nicht. Weil ein Käufer, der im obersten Stock nur noch Kringerl vor den Augen sieht, vielleicht in einem Zustand der Benommenheit auf dem Rückweg durch die Abteilungen mehr Geld ausgibt als geplant. Er braucht die stärkenden Austern oder zumindest eine Tasse Tee in der kaufhauseigenen Cafeteria oder bessere Turnschuhe, Plattfußeinlagen, Sweatshirts, Baumwollsocken, Unterhosen, Sofaschoner, Lampenschirme, Fernsehgeräte, Computer, Matratzen, Wohnzimmermöbel . . . Man weiß ja nicht, was die Japaner da drüben alles treiben.
Nur, daß wir kein Schildkröten-, Esels- oder Karnickeltempo brauchen. Für uns Bayern käme höchstens ein Dackeltrab in Frage. Weil: Hund samma scho!

Picknick

Picknick ist das englisch-französische Lehnwort für »Mahlzeit im Freien«. Auch wer keine Fremdsprachenkenntnisse hat, weiß: Der Wohlstandsbundesbürger kann dabei nicht mehr wie seine Vorfahren mit Regensburgern oder Käsebroten daherkommen. Und mit einer Bierflasche voll kaltem Malzkaffee oder Zitronentee. Ja, wo samma denn!
»So ein Freilandfest muß gründlich vorbereitet sein«, war in einer Illustrierten zu lesen. Man führe mit sich: die selbstgemachte Schinkenpastete in Blätterteig mit Kognak; Geflügelleberterrine mit Portwein; außerdem gefüllte Weinblätter, türkische Art, und französische Brioches mit diversen Wurstfüllungen; eine Auswahl pikanter Salate; aparte Kleinigkeiten wie luftgetrockneter Schinken und feine Wurst- und Käsesorten.
Seit französisches Stangenbrot in jedem Großmarkt erhältlich ist, ersetzt man es besser durch rustikale Brotsorten verschiedener Art aus handgemahlenem Bio-Vollkorn.
Nicht zu vergessen sind würzige Beigaben wie Cumberlandsauce, Mangochutney, Senffrüchte, Artischockenböden, mixed pickles, pikante Zwiebelchen undsoweiter.
Als Nachspeise wähle man . . . naa, vielleicht doch nimmer Tiramisu. Wahrscheinlich ist das mittlerweile »out«. Wie wärs mit einer Dingsda bavaroise? Mit einer Cochonnerie à la Waswoaßi? Mei, a bißl müssen Sie sich schon selber auf dem laufenden halten, wenn Sie mitmachen wollen!
Gedeckt wird stilvoll auf einer blütenübersäten Naturwiese und einem ausgebreiteten Tischtuch aus Lackstoff. Auf die Naturwiese können und müssen Sie vielleicht verzichten, nicht aber auf Ihr bestes Geschirr. Papp- und Kunststoffteller sind absolut indiskutabel! Porzellanteller, formschöne Gläser, Schälchen und elegantes Besteck sind ein »must«.

Man plaziere sich auf Qualitäts-Lama- oder -Kamelhaardecken und hübschen Kissen möglichst nahe an einem Wagen der oberen Preisklasse. Er ziert nicht nur die Picknickier, sondern gewährt auch einen gewissen Sichtschutz vor Fremden. Denn weit weg vom allgemeinen Verkehr können Sie sich leider nicht entfernen mit Ihren zwei Zentnern Gesamtgepäck.
Sie haben ja auch noch die Getränke dabei: Bier, Sprudel, Säfte und den passenden Wein für jedes Gericht. Um den württembergischen Schillerwein stilvoll zu kühlen, bräuchten Sie allerdings ein munteres Gebirgsbächlein. Warme Abwässer von Kernkraftwerken sind weniger geeignet. Nehmen Sie halt einen Rotwein aus Ihrem Keller und kontrollieren Sie mit dem Tischthermometer, ob er die richtigen Grade aufweist.
Wie? Sie haben weder Thermometer noch Weinkeller? Sie finden überhaupt den ganzen Aufwand und die überschwappende Luxus-, Freß- und Saufwelle angesichts von 3 Millionen Sozialhilfeempfängern zum Kot . . .
Ah was! Wer wird denn so sein! Der Rubel muß rollen – oder vielmehr die D-Mark – fürs Wirtschaftswachstum! Außerdem gehts den Armen jetzt sowieso besser, seit die Sozialhilfesätze erhöht worden sind: um mehr als zwei Prozent! Das macht für das brave Muatterl mit der viel zu kleinen Kriegerwitwen- und Trümmerfrauenrente eine Zulage von fast zwei Stückl Brot am Tag aus. Laut Amtsblatt ist das »ein echtes Stück Hilfe«. Denn damit ist es gelungen, »die Armut weiterhin nachdrücklich und wirksam zu bekämpfen.«
No alsdann!
Wünsche recht guten Appetit allerseits!

Piepser

Der Siegeszug der Piepser ist unaufhaltsam. Es piepst aus Kassen, Computern, Rechnern, Schreib- und Funkgeräten, die jedem Mann von Bedeutung unentbehrlich sind. Und dem Mann ohne Bedeutung noch viel mehr. Denn selbst wenn die Firma, ohne ihn anzupiepsen, nicht zusammenbrechen würde: sein Selbstbewußtsein täte es vielleicht doch.
Frauen kommen häufiger ohne privaten Piepser aus – ob mangels Bedeutung lassen wir offen. In Schweden allerdings können sie einen Spezial-Europiepser bestellen, wenn sie ein Kind erwarten. Natürlich nicht für sich. Das dauernde Piepsen würde sie nur nervös machen. Und Ruhe ist die erste Mutterpflicht. Den Piepser trägt vielmehr der werdende Vater.
So geht alles wunderbar. Falls es dem Zwackerl plötzlich mit dem Geborenwerden pressieren sollte, schreitet die werdende Mutter gelassen zum Telefon und wählt eine Nummer. Daraufhin wird der werdende Vater per Piepser alarmiert. Nun braucht sie nur noch gelassen abzuwarten, bis er zurückruft und das Nähere bei ihr erfragt. Schon weiß sie, daß er weiß, was los ist. Auf diese Weise kann keiner mehr den großen Augenblick der Geburt verpassen.
Nein, er kann nicht. Er kann einfach nicht. Auch wenn er es vielleicht ganz gern möchte. Zwar sind viele junge Paare entschlossen, die Geburt miteinander zu erleben. Aber nicht jeder Mann hält das gern und leicht aus. Gelegentlich fällt einer in Ohnmacht und braucht ärztliche Betreuung. Zuspruch und Trost von der werdenden Mutter haben manche nötig. Vielleicht kommt deswegen das Baby im Beisein des Vaters schneller, wie die Statistik zu belegen scheint: Weil es endlich wieder seine Ruhe und die Mama ganz für sich allein haben möchte.
Der glückstrahlende Papa aber entschwindet nach getaner Pflicht und dem Babybad erlöst und diesmal ohne Piepser. Wohl

aber mit der Zusicherung der Psychologen, daß die gemeinsam erlebte Geburt die Beziehung des Paares und die Bindung zum Kind gestärkt hat.
Leider belegt die Scheidungsstatistik diesen Effekt nicht. Weil eben selbst die glücklichsten gemeinsamen Stunden nicht immer ausreichen für lange und oft mühsame Jahre in der Familie. Und weil uns fortan kein Piepser mehr bei den vielen kritischen Momenten einer Ehe alarmiert.

Positiver Regensommer

Ein verregneter Sommer. Herrlich! Zum Verzweifeln wird er allerdings, wenn wir ihn positiv betrachten. Er gibt uns Anlaß, jenen Optimismus zu üben, den wir so dringend brauchen.
Zugegeben: die Kinder sind unleidlich, wenn sie nicht hinauskönnen. Aber doch nur in den wenigen Stunden, wo kein Fernsehprogramm läuft. Und selbst davon läßt sich Positives erhoffen. Es ist doch nicht ausgeschlossen, daß sie mit einem Mal diese . . . Dinger da benützen, na, diese viereckigen . . . Sie wissen schon . . . nicht die Kassetten, sondern diese . . . richtig, die Bücher! Und da waren doch irgendwo auch noch Spiele, wie? Mancher Vater entdeckt nach tagelangem Dauerregen wieder das alte Mensch-ärgere-dich-nicht. Und dabei vielleicht zum ersten Mal die eigenen Kinder. Na, wenn das nichts Positives ist!
In Hotels und Pensionen freilich wird es schwieriger. Aber nicht verzagen, wenn die Kinder unruhig und übellaunig werden! So haben auch Alleinstehende ihre Freude an den zukünftigen Rentenverdienern, deren Aufzucht sie den anderen immer so drin-

gend empfehlen. Welcher Gewinn für ihr optisches und akustisches Wahrnehmungsvermögen, wenn der erwünschte Bevölkerungsnachwuchs munter durch die Gänge tobt! Sollten solche Gäste erschüttert abreisen, so ist auch das positiv zu sehen, zumindest für die zurückbleibenden Familien. Denn vermutlich wird sich der Vermieter in Zukunft besser auf Kinder einstellen. – Und welch inniges Glücksgefühl wäre gar jenem vergleichbar, das alle Beteiligten erfüllt, wenn danach wieder die trockene Schule ihre Pforten öffnet!

Gartler mögen allerdings in einem Regensommer verzweifelt die Hände ringen, wenn nächtens wandernde Schneckengroßfamilien ihre Festmähler im Salat abhalten. Positiv gesehen, ist dieses Biotop aber nur erfreulich, weil hier Pflanze und Tier bis zur letzten Faser aufeinander abgestimmt sind. Ist es nicht rührend zu beobachten, wie die Viecherl mit stillem Eifer auch die einzige halbreife Erdbeere beseitigen? Und mit welchem Jubel begrüßt die Familie die nur leicht aufgesprungene Tomate, die der treusorgende Vater mit viel Mühe und Plastikfolien vor der Braunfäule gerettet hat! Wie hell leuchtet das Auge der liebenden Gattin, die sonst verzweifelt vor der Überfülle der Früchte seines Fleißes stand!

Endlich sind auch ihr besinnliche Stunden am kalten Herd vor leeren Einkochtöpfen gegönnt, während die hungrige Kinderschar dankbar die mumifizierten Marmeladen der Vorjahre verzehrt.

Was lernen wir aus dieser positiven Betrachtung eines Regensommers? Natürlich wieder einmal nichts. Es ist einfach – siehe Anfang – zum Verzweifeln!

Preisträger

Neid ist eine üble Eigenschaft. Drum lassen wir ihn ganz beiseite, wenn wir von Preisverleihung reden. Wir gönnen jedem jeden Preis.
Bloß fragt sich mancher naiv: »Hätt damals zum Beispiel unsere Steffi unbedingt den Preis als Sportlerin des Jahres gebraucht? Die kann sich doch sowieso vor Preisen und Preisgeldern nimmer retten!« Der Preisverleihfachmann weiß aber: Eben deswegen mußte sie drankommen! Denn je mehr Preise und Geld jemand bereits hat, desto preiswürdiger wird er oder sie. Auch weil dabei nichts schiefgehen kann. Ein solcher Mensch ist als Preisträger bereits überprüft und eingeübt und kommt später in ein Preisverteilergremium, so daß weiterhin eine geordnete Preisverleihung gewissermaßen durch eine Art Preisvirusübertragung gesichert ist.
In Film, Fernsehen, Kunst, Literatur ist es ähnlich. Je besser einer im Geschäft ist, um so wahrscheinlicher wird ein Preis. Selbst das Zurückgeben rettet ihn nicht vor dem nächsten. Der kommt trotzdem! Und einen Preis vor der Verleihung ablehnen – geh, wer kann sich denn sowas leisten! Bitte: Wie war das bei der Preisverleihung für Verdienste um unsere Verfassung? Viele Mitglieder von Landtag, Bundestag und Senat haben die Auszeichnung bekommen. Und sehr mit Recht! Sie sind verpflichtet, die Verfassung zu schützen, in der ihr Amt verankert ist! Sonst fliegen sie ja raus. Also können sie einfach nicht sagen: Ich bin kein preiswürdiger Verfassungsschützer! Schon gar nicht, wenn sie bereits Jahre und Jahre drauf warten, daß sie endlich preisgekrönt werden.
Und was ist die Folge? Weitere Orden und Ehrenzeichen! Solche Leut machen was mit!
Immer wieder diese Empfänge mit den immer gleichen Gästen und dem eiskalten Sekt und dem immer gleichen Gedränge vor

dem Büfett mit den Mayonnaisesalaten, dem glasierten Hirschrücken, den gefüllten Eiern und dem übrigen Pipapo. Gesund ist das nicht!
Schauen Sie als Nicht-Preis- und Nicht-Ordensträger trotzdem manchmal ein bisserl traurig auf ihr pokalfreies Wohnzimmerbüfett? Oder auf ihre völlig blanke Brust mit leerer weißer Weste? Trösten Sie sich: Manch anderer wäre froh, wenn er sowas hätte.

Quatsch

Mit diesem Wort fassen manche Leute kurz zusammen, was seitenlang als Reklame in ihrem Briefkasten liegt. Dabei geben sich Marketing-Fachleute die größte Mühe, uns durch ständig neue Werbeideen zum Kauf von Dingen zu bewegen, die wir zwar nicht brauchen, aber unbedingt haben müssen, damit Wirtschaft und Wohlstand weiter wachsen.
Vielen von uns ist das allerdings nicht mehr geheuer. Sie fürchten, daß für solche vergänglichen Güter die unersetzbaren Schätze von Wasser, Luft und Landschaft vernichtet werden. Deswegen versucht eine geschickte Werbung, den Verkauf zu steigern, indem sie gleichzeitig durch eine gute Portion beigefügter Natur unsere Angst mindert.
Sie schätzen doch auch das Landleben, gell? Aber nicht das moderne mit Riesentraktoren und giftsprühenden Hubschraubern. Nein, die Idylle. Also legt die Modefirma der gehobenen Preisklasse ihr barfüßiges Mannequin vor ein handgebündeltes Garbenmannderl, daß sie ausschaut wie die Mitterdirn anno 1899. Nur daß die damals keinen Spitzenunterrock für 398,50

getragen hat. Der fesche Jagersbua daneben grinst sieghaft über sie und seine Gazellenlederjacke für einen Tausender und etliches. Man riecht geradezu das agrarische Glück im Stroh. An das Unglück der beteiligten Gazelle muß man ja nicht gleich denken. Ähnlich naturvertraut balanciert der Herrenanzugträger einen aufkopierten Kanari auf dem Absatz und der Hemdenträger ein lebfrisches Baby auf dem Arm. Der Raucher läßt sich von reiner Meeresbrise umfächeln oder blickt versonnen in das Abendrot des unberührten Urwaldes. Die Margarinehersteller werben nicht mit ihren künstlichen Emulgatoren, sondern mit dem letzten freilaufenden Gockel, der beim idyllischen Radiowerbefrühstück ganz natürlich vom Band kräht. Der Tiger steht weder für die gestiegenen Benzinpreise noch für das Warten im Stau, sondern für die urtümliche Lust an der wilden Jagd. Die Fluggesellschaft zeigt weder ihre Abgaswolken noch das Kerosin, das sie notfalls über unsere Häupter versprüht. Sie lockt vielmehr mit fangfrischen Forellen den Fluggast in die Anschnallgurte.
Wir brauchen wirklich nichts zu befürchten. Denn die Ozonschicht schützt – na, wer schon? Selbstverständlich die chemische Industrie, die in etlichen Jahren nicht mehr unbeschränkt viel von jenem Treibgas herstellen wird, das unsern Himmel aufgerissen hat. Ihr verdanken wir auch – laut Reklame – die hundertjährigen Buchen, das klare Bächlein im stillen Wiesengrund und die munteren Gänse, die traulich schnatternd inmitten übersonnter Blumen watscheln. Halt! Irrtum! So werden Kreditkarten angeboten. Warum? Das sollen wir eben lesen!
Allmählich begreifen wir, was gemeint ist: meistens etwas ganz anderes. Der Adler wirbt nicht fürs Fliegen, sondern für den Rasenmäher; die Rennboote in der Weite des Meeres machen sich nicht für die Seefahrt stark, sondern für ein Markenbier; die Kapitänsmütze steht für eine Erdölraffinerie, der Bergsteiger im ewigen Eis für einen Versicherungkonzern; Rosen werben für Schokolade und Kräuter für Haarwasser, Bademittel, Herztropfen, Schnaps . . . Natur ist für alles gut.
Also bitte überprüfen Sie Ihr Wissen: An was denken Sie, wenn Sie einen Jägerstand am Waldesrand sehen? Nein, eben nicht an

das äsende Rehlein, das demnächst aus der Lichtung tritt! Sondern an das Autotelefon, das ein Jäger beim Warten auf den Bock unbedingt braucht. Eine Wiese ohne Jäger hingegen deutet auf das Defizit der Post, das sie sich mit ihren unterirdisch verlegten, modernen Kommunikationssystemen eingehandelt hat. Wir sollen es mit den verteuerten Briefgebühren ausgleichen. Das leuchtet doch wirklich jedem ein!
Was? Ihnen nicht? Noja, ein bisserl schwierig ist das Um-die-Ecke-Denken bei der Reklame manchmal schon. Wenn Sie aber zu allem lediglich »Quatsch« sagen und die Werbung überblättern, überhören oder gar wegwerfen, bleibt Ihnen zum Schluß nur noch eines übrig: nämlich Ihr Geld.

Rätsel

Es gibt noch Rätsel auf dieser Welt. Merkwürdigerweise immer mehr, je mehr wir auflösen. Bitte: Das Rätsel des geheimnisvollen Lächelns der Mona Lisa ist gelöst. Es ist gar keine Lisa, sondern der Maler selbst, Leonardo da Vinci im Selbstporträt, der sich hier über uns mokiert – in diesem Fall allerdings ohne den bekannten Vollbart –, sagt ein Kunsthistoriker.
Und schon ist ein neues Rätsel da: Warum malt er sich, wenn er sich malt, nicht als Mann? War er eventuell gar keiner? Oder ist das Altersbild mit dem Bart falsch? Oder nur der Bart? Oder das Urteil des Gutachters? Sehen Sie! So werden aus einem gelösten Rätsel mehrere.
Und ständig kommen neue dazu! Unter anderem die Frage nach dem Aufbewahrungsort der Unterhose des ehedem so berühmten amerikanischen Außenministers Kissinger. Die ist verschwunden. Weg. Einfach weg!

Selbstverständlich fragt jetzt jeder geübte Rätsellöser sofort: Was heißt hier »die« Unterhose? Der hat doch sicher mehrere. Und wie merkt er überhaupt, daß ihm eine fehlt? Zählt er ständig nach? Wo er doch in der ganzen Welt herumreist und sicher Wichtigeres zu tun hat? Man weiß es nicht.
Das noch ungelöste Rätsel liegt im Nationalarchiv in Washington, und zwar eben anstelle der Unterhose, die fehlt. Die Archivare suchen sie vergebens zwischen drei Milliarden Textseiten, 14 Millionen Fotografien, 30 Millionen Metern Film und 122000 amtlichen Video- und Tonbändern – von den übrigen historischen Relikten gar nicht zu reden.
Nun fragt unser rastloser Geist: Wie ist denn die Unterhose überhaupt ins Nationalarchiv gekommen?
Das ist nun überhaupt kein Rätsel. Denn eines Tages hatte Kissinger, verärgert über die staatlich organisierte Sammelwut, spöttisch gesagt: »Alles, was ihr gierigen Archivare wollt, ist meine Unterhose.« Die sie sich dann auch wirklich gewünscht haben – vorausgesetzt, daß was Interessantes draufstünde. Worauf er ihnen eine geschickt hat mit der Aufschrift: »Für zehn aufeinanderfolgende Tage, vom 1. – 10. Mai 1978 getragen.«
Hausfrauen werden erschüttert vor der langen Tragedauer der außenministerlichen Unterhosen stehen. Statistiker weniger. Sie kennen die geringe Lust der Männer zum Wechseln – zumindest, was ihre Leibwäsche angeht. Kenner von Henry Kissinger aber – soweit der Schlaukopf überhaupt zu kennen ist – rechnen mit seinem Witz, seiner Schlagfertigkeit und seiner Neigung zu Eleganz, Gepflegtheit und Perfektion. Und ziehen alles von der angeblich lang be-sessenen Verhandlungs-Unterhose ab.
Das tröstet uns etwas über den Verlust des pseudo-historischen Wäschestückes, gibt uns aber wieder ein neues Rätsel auf, nämlich: Warum hüten die Archivare ihre Bestände nicht besser? Wenigstens dieses Rätsel ist gelöst. Insofern nämlich, als wir wissen, mit welch horrendem Gewinn ungetreue Verwalter ehemalige Nazidokumente verscherbelt haben.
Ob das allerdings auf die Amerikaner zutrifft, weiß kein Mensch. Und das belegt wieder die fortwährende Rätselvermehrung.

Regentropfen-Mathematik

Wie wird man im Regen am wenigsten naß? Der Praktiker wird darauf antworten: »Indem man einen Schirm mitnimmt.« Der Wissenschaftler macht es sich nicht so leicht. Er fragt: »Was ist die Optimalstrategie zur Vermeidung einer allfälligen Durchnässung bei Regen?« Das klingt doch gleich ganz anders, auch wenn er das gleiche meint. Die Antwort ist entsprechend kompliziert. Gegeben hat sie ein italienischer Universitätsprofessor, der den Regentropfenfall genau berechnet und die richtigen Maßnahmen dagegen herausgefunden hat. Und zwar so:

Mathematisch-geometrisch gesehen läuft der Mensch im Regen unter einem Tropfen-Parallel-Epiped. Sie wissen nicht, was ein Parallel-Epiped ist? Sozusagen die Regensäule, die über seinem unschuldigen Haupt steht. Und dort freilich nicht bleibt, sondern auf ihn drauffällt. Unentwegt. Das aber hat der Mensch nicht gern. Und er steigert sein Tempo, um ihr zu entkommen.

Was bringt diese Eile an Regentropfen-Ersparnis, fragte sich der Mathematiker und begann nachzurechnen. Ergebnis: Ein Läufer kriegt um ein Zehntel weniger Nässe ab als ein normal eiliger Fußgänger. Fazit: Die Rennerei lohnt sich nicht recht. Empfehlung: Schrittgeschwindigkeit beibehalten. Allerdings hat der Herr Professor nur einen senkrecht fallenden Regen berechnet. Was aber ist mit unserem bayrischen Regen, der schräg und in einem greislichen Wirbel als sogenanntes Sauwetter daherkommt? Wird der eilige Läufer vielleicht noch stärker durchnäßt, weil die Tropfen kräftiger aufprallen, wenn er ihrer Fallgeschwindigkeit seine Laufgeschwindigkeit entgegensetzt? Addiert sich das? Oder hebt sichs gegeneinander auf, wenns einen hinten dafür zum Ausgleich weniger trifft? Und sind eigentlich die Spritzer einberechnet, die man sich beim Laufen mit den Absätzen gegen die Wadl, respektive das Hosenbein schleudert?

Sehen Sie, das sind jene Rechenaufgaben, die wir in der Schule nur unter Angstschweißausbrüchen gelöst oder vielmehr nicht gelöst haben! So ähnlich wie die mit den zwei Zügen, die von Punkt A und B mit zwei verschiedenen Geschwindigkeiten aufeinander zufahren, bloß um sich in einem unbekannten Punkt X zu treffen. Wen interessiert denn sowas, wo an einem unbekannten Punkt doch niemals ein Bahnhof zum Ein- und Aussteigen ist, sonst wär er ja bekannt.
Wie? Sie interessiert es trotzdem? Das ist ja wunderbar! Dann könnten Sie vielleicht auch den bayrischen Regenfall berechnen. Und uns weniger mathematikfreudigen Schirmträgern das Ergebnis mitteilen? Dafür wäre sicher nicht nur ich ungemein dankbar.

Reinheit

Haben Sie schon Ihren Brillanten? Zögern Sie nicht! Die Preise steigen laufend! Ich weiß nicht, ob Sie heute noch den Einsteiner mit einem Karat um 40000 Mark kriegen. Da müssen Sie sich schon umtun. Gut, Wesselton um 25000 ist auch nicht schlecht. Oder nehmen Sie was mit Einschlüssen? Man sieht sie zwar nur unter der Lupe. Aber . . . ganz rein ist der Stein halt dann nicht mehr. Was Besseres möchts schon sein, oder? Auf jeden Fall müssen Sie jetzt unbedingt zugreifen. Wie rasch kommt ein Geburtstag oder Ostern oder Weihnachten . . . und Sie sind in der größten Verlegenheit, weil Sie nichts Passendes mehr finden! Denn schon wirkt der Werbefeldzug des Diamantenkonzerns de Beers. Der Mann von Welt weiß: »Man geht nicht mehr ohne Stein,/ ein Brillanterl möcht schon sein.« (Den Slogan überlasse ich gegen geringe Gebühr/einem Juwelühr.)

Schmuck ist ja nicht mehr bloß für Frauen da. Sagen die Verkäufer. Auch der Durchschnittsmann sollte begreifen, daß er Edleres tragen muß als bloß seine herkömmlichen Nieren-, Blasen- oder Gallensteine. Der Trendsetter schmückt längst seine Manschetten, seine Krawatte, seine Finger mit Diamanten. Auch am Armband, am Halsketterl, am Ziffernblatt der Uhr findet er reichlich Platz für Glanz und Glitzer.

Wie? Sie tragen noch keinen Viertelkaräter in der Brille? Kein Achtelchen im Vorderzahn? Wie wollen Sie da »in« sein?

In der gehobenen Bussibussigesellschaft werden sich reiche Nichtstuer bald kleinere Steinchen ins gepflegte Barthaar flechten. Oder ins handgeknüpfte Brusttoupet montieren, selbstverständlich in Platin gefaßt.

Denn Platin muß sein. Platin ist schon lang im Kommen und jetzt voll da! Der Platinverbrauch ist allein in vier Jahren auf das Zehnfache gestiegen! Und beim Diamantenumsatz steht die Bundesrepublik an dritter Stelle in der Welt. Tja, das ist eben die Wohlstandsgesellschaft. Wir sind wieder wer!

Es soll zwar Leute geben, die noch keinen platingefaßten Einkaräter haben. Ich könnte Ihnen da schon jemand nennen. Aber der feine Mensch spricht nicht von sich selbst. Der verfügt dafür über innere Werte.

Die haben wir als Autofahrer hoffentlich sowieso bald alle. Weil in jeden Katalysator ein Batzerl Platin hineinkommt – technisch fein verteilt. Oder gibt es mittlerweile schon ein neues Modell? Oder gar neue, für alle verbindliche strenge Vorschriften zur Reinhaltung der Luft? Zeit wirds! Und zwar höchste Zeit.

Denn ohne den reinen Einkaräter können wohl die meisten von uns recht gut leben. Ohne reine Luft aber nicht.

Reisefreuden

Reisen Sie gern? Sollten Sie! Reisen bildet. Man kann dabei viel lernen.
Das beginnt bereits am Flughafen, wo der Mann vor Ihnen an der Gepäckwaage wartend und tadelnd spricht: »Zustände sind das hier! Dieser langweilige Laden! Als ich kürzlich nach Boston flog, hatte ich . . . « Und schon erfahren Sie Unvergleichliches über das amerikanische Flugwesen.
Wenn er an Bord den Platz neben Ihnen hat, können Sie an seiner Weltkenntnis weiter teilhaben. Er war bereits in Afrika und weiß: »Was man hier von der Dritten Welt hört, ist alles Quatsch! Mir kann keiner was erzählen! Schon nach der ersten Woche Badeurlaub in Kenia wußte ich Bescheid. Na, und erst die Chinesen! Drei Wochen lang kein anständiges Bier!« Die Dame neben ihm nickt erschüttert: »Und diese Hotels, gräßlich!« Sagen Sie bitte nicht, daß dieses riesige Land vielleicht noch mehr als . . . Bscht! Wozu haben die Leute ihre Erfahrungen? Damit Sie von ihnen lernen.
Auf einer Gesellschaftsreise sind Ihre Bildungschancen wegen der vielen Teilnehmer selbstverständlich noch viel größer. Dort treffen Sie bestimmt jenen Mann, der sofort sieht: »Die Organisation hier ist ja das Letzte vom Letzten! Und dieser Reiseleiter! Allein, wie er grüßt! Unmöglich!«
Widersprechen Sie nicht! Der Mann hat guten Grund für seinen Tadel. Auf diese Weise bereitet er alle Mitreisenden hörbar und immer wieder darauf vor, daß »dieser unmögliche Mensch am Schluß keinen Pfennig bekommt! Nicht von mir! Wer bin ich denn?« Das wird Ihnen seine Begleiterin schon noch sagen: »Hach, wissen Sie, mein Gatte ist . . . « Aber Sie wissen es bereits: Er ist einer von jenen wohlhabenden oder wohlverdienenden Reisenden, die an Trinkgeldern einsparen, was sie für Getränke ausgeben. Sollten Sie den Einwand wagen, daß

gewisse prozentuale Sätze den zweifellos weniger hoch Bezahlten zustehen, wird er mit dem Argument kontern: »Mir gibt auch niemand Trinkgeld.«

Auch von Frauen können Sie vieles lernen, insbesondere das billige Einkaufen. »Natürlich nicht in Rußland. Die Zoffjetts haben doch nichts! In Taschkent – oder war das Samarkand, Männe? –, na, jedenfalls wollten wir dieses Dingsda kaufen ... diesesagschonwieheißtesdenngleich ... diese Matronka ... Matrutschka ... na dieses Püppchen in der Puppe zum Auseinandernehmen für unsere Ingrid gottdaskindhatjaschonalles! Aber es war einfach nicht zu kriegen!«

Bitte keine Einwände etwa der Art, daß es sich dabei um eine Spezialität handelt, die ebensowenig überall zu kaufen ist wie unsere Münchner Weißwürste, weil ... Aus! Vorbei! Ihre Mitreisende ist geistig bereits in Hongkong, »wo es diese zau-ber-haften Maßanzüge gibt. Wie? Sie waren noch nicht in Hongkong? Sooo? Also wir waren bereits in ...«

Hören Sie aufmerksam zu. Denn so unsinnig Ihnen diese Angaben oder Angebereien auch erscheinen mögen: Sie vermehren dabei Ihre Kenntnisse. Vor allem die Menschenkenntnis. Und davon kann man nie genug haben.

Sammlerlust

Die Sammellust ist die älteste menschliche Leidenschaft. Außer der noch älteren, die als allgemein bekannt vorausgesetzt werden darf. Der verdanken wir unsere erfolgreiche Vermehrung, dem Sammeln aber unsere Erhaltung.

Schon bei den Urhorden sind vor allem die Frauen samensammelnd durch die Wildnis gestrichen. Diese Leidenschaft lebt in vielen von uns bis heute.

Zwar streifen wir nicht mehr Körner ab, um damit die Nachkommenschaft und Scharen von Mäusen durch den Winter zu füttern. Wir säen an, was wir finden und kaufen: in Blumentöpfen, Kisten, Kästen, Eierkartons und Minitreibhäusern am Fensterbrett; wir pikieren, versetzem, kreuzen, vermehren, machen Ableger, teilen Rhizome und ziehen aus einem einzigen Blatt ein wunderschönes Usambaraveilchen. Und bald darauf aus zehn Blättern in zehn Töpfen zehn weitere.

Vom Brautkranz haben wir einen Myrthenzweig behalten, von der Hochzeitsreise einen Oleandertrieb, vom Urlaub eine Orchideenbulbe, vom Schuttberg die Hauswurz und von der Tante Betty die gesamte grüne Erbmasse. Wir haben dieses und jenes und noch viel mehr. Nur eines haben wir nicht: genug Platz.

Denn all das ist zusammen mit den Schößlingen aus Apfel-, Orangen-, Papaya- und Mangokernen zu einen riesigen Urwald herangewachsen, unter dem nicht nur Fensterbretter und Fenster, Bücherregale und Küchenbüfetts, sondern auch ganze Familien verschwinden können. Bis der duldsame Gatte schließlich, in Lianen verheddert, mit letzter Kraft haucht: »Jahimmiherrschaftzeitenüberundunteranander, schmeiß doch endlich den ganzen Gmüsgarten weg!«

Hier bietet dieses Buch – wie es seine Aufgabe ist – Lebenshilfe, um solchermaßen Frieden, Gesundheit und Ehen zu retten: indem es die Männer zu Geduld und Verständnis mahnt.
Denn, meine Herren, haben Sie nicht auch Ihre Bierfilzl, Silbermünzen, Zündholzschachteln, Goethe-Erstausgaben, Kronenkorken, Briefmarken, Ölbilder, Postkarten, Schrauben, Spagatschnürl, Bierkrüge, Schallplatten, Porzellantassen, Kuhglocken, Marzipanmodeln, ja sogar Erlebnisse gesammelt, über die Sie lieber schweigen?
Also erdulden Sie bitte ebenso still die harmlose Leidenschaft Ihrer werten Gemahlin. Die Vergänglichkeit alles Irdischen und die Eisheiligen werden schon dafür sorgen, daß die Zimmerlinden nicht in den Himmel wachsen.

Schifahr-Ersatz

Schneelose Winter sind für den Fremdenverkehr im Gebirge eine Katastrophe. Und wenns hundertmal an Ostern schneit: der Einkommensverlust ist nicht mehr aufzuholen! Die Leut sind ja derart eigensinnig und wollen partout den Wintersport am liebsten im Winter treiben! In einer naturverschneiten Landschaft! Nicht einmal mit einer Schneekanonenpiste sind sie mehr zufrieden.
Drum haben sich die Fremdenverkehrsspezialisten schon viele Sportarten ausgedacht, mit denen jeder bei jedem Wetter zu jeder Jahreszeit jeden Berg ruinieren kann: vom Mountain Biking bis zum Drachenfliegen! Motto: Freie Berge für freie Bürger. Bloß daß sich die Berge halt auch die Freiheit nehmen und rutschen, wie sie mögen.

Also müßte man was finden, mit dem uns die Berge leichter ertragen. Ideal wärs, wenn die Fremden zwar hinfahrn und die nötigen Umsätze bringen täten, aber schonenderweise die Berge nur vom Zimmer aus anschauten. Zum Zeitvertreib gibts viele Kurse: Bauernmalerei, Töpferei, Wahrsagerei, neuerdings sogar Stickenlernen mit dem Zusatz »Auch für Männer«!
Ist das nicht eine herrliche Idee: Geben wir doch unseren Rauchern eine Sticknadel in die Hand. Bis sie das Einstichloch im Stramin finden, werden sie schon ruhig. Und wie billig das ist: Mit einem kleinen Strang Garn können sie stundenlang Petit-Point sticken. Jahre vergehen, bis ein Sofabezug fertig ist. Das macht häuslich! Und selbst wenn sie sich nur das bekannte Renommierkrokodil ins Konfektionshemd sticken, haben sie schon was gespart! Und wie jubelt die Lebensgefährtin, wenn sie statt des Brillanten ein selbergesticktes Spitzenkragerl von ihm kriegt.
Sagen Sie nicht: Sticken ist unmännlich. Es gibt Völkerschaften, wo nur die Männer sticken dürfen. Allerdings bräuchte man zur Einführung einen Imageträger. So wie damals, wo der abgedankte englische König Eduard, nein, nicht Stick-, aber doch Stricknadeln und Wollknäuel ergriffen hat. Nach seinem ersten selbstgemachten Pullover war Sticken in Herrenkreisen absolut »in«. Man müßte eben . . . tja sagn ma . . . irgendeinen Mann in höherer Position finden, der sehr bekannt ist und endlich einmal abdankt und stickt. So einen müßts doch irgendwo geben, oder? Man fragt ja bloß. Und fragen darf man ja immer.

Schlangen

Selbst der Tierfreund haßt Schlangen. Besonders ihr hinteres Ende. Gemeint sind Anstellschlangen.
Oder sind Sie vielleicht jemals vorn dran? Nie, gell? Sonst wär uns die Schlange sowieso egal. Fassen wir uns also beim Warten an der Ladenkasse in Geduld. Etwas anderes bleibt uns Frauen ohnehin nicht übrig. Denn nur brotzeitholende Männer dürfen an der Schlange vorbei nach vorn durchgehen: denen pressierts. Hingegen haben weibliche Berufstätige und Mütter mit Kleinkindern massenhaft Zeit für Studien über die Entwicklung der Anstellschlange.
Solang man Letzte ist, scheint das Vorderteil unbewegt zu verharren. Nur das Hinterende wächst, wodurch man zur Fünftletzten aufrückt. Da bricht der Schwanz hinter einem ab, zerplittert in Einzelglieder, formiert sich nebenan neu: eine zweite Kasse wird geöffnet. Selber kriegt man, eingeklemmt mit dem Einkaufswagen, die Kurve nicht, so daß man nun wieder Letzte ist.
Grundsätzlich bewegt sich die Schlange nebenan immer schneller als die eigene. Dieses Phänomen läßt sich auch bei Autoschlangen im Stau beobachten. Oder sind Sie vielleicht nicht immer in der langsameren? Selbst wenn Sie die Spur wechseln, bleiben Sie von diesem Augenblick an weit hinter dem Bus zurück, den Sie vorher überholt hatten. Stehen Sie endlich an der Grenzübergangsschlange, werden ausgerechnet Sie herausgewinkt und sehen ahnungsvoll sämtliche Drogenimporteure ungeschoren vorüberziehen, während Sie sich in die Zollnachzahlerschlange einreihen müssen wegen der verheimlichten Schnapsflasche vom Onkel Peppi.
Am Bankschalter wechselt die glückliche Jungfrau vor Ihnen sechsundzwanzigtausendfünfhundertneununddreißig Pfennige, die sie für die Brautschuhe gespart hat. Am Bahnschalter will der

Kegelvereinsvorstand 12 Fahrkarten nach Kleinhinterhaslbach mit Busanschluß unter ausführlicher Erörterung des günstigsten Gruppenermäßigungstarifs am Dienstag, wahlweise Freitag. Warten Sie vor einem Amtszimmer, öffnet sich immer nur die Tür, vor der Sie nicht stehen. Wenn Sie endlich an der Reihe sind, ist der Computer kaputt, die Kasse schließt oder die Dienstzeit ist zu Ende.

Aber es gibt eine Möglichkeit, sich an allen Anstellschlangen aufs fürchterlichste zu rächen. Das geht so:

Sie betreten zum Zweck eines Theater- oder Konzertbesuches das Foyer des Hauses, verharren aber nach Ablage Ihrer Garderobe dezent im Hintergrund. Von hier aus beobachten Sie gelassen das Entstehen von Kleinstschlangen beim Programmverkauf und bei der Billettenkontrolle am Saaleingang. Bitte werden Sie nicht nervös, sondern warten Sie im Vorgenuß kommender Freuden, bis nach dem dritten Gong die Türflügel beinahe geschlossen sind.

Nun erst treten Sie dazwischen, das Haupt stolz erhoben. Denn jetzt ist er da, der große Augenblick Ihres Triumphes: Die ganze Schlangenfamilie muß sich erheben, um Sie vorbeizulassen. Denn Sie haben den Mittelplatz, wie jeder Erfahrene weiß: Zuspät-Kommende sitzen niemals am Rand, sondern dürfen alle anderen aufstöbern.

Sehen Sie, das ist die ausgleichende Gerechtigkeit. Ist es nicht wunderbar, daß es die wenigstens noch irgendwo gibt?

Schlecken

Schlecken ist ungesund. Da sind wir uns völlig einig. Es macht dick, kariöse Zähne und Verdauungsbeschwerden. Zucker bringt nur leere Kalorien. Und raubt Vitamine.
Um jeglichen Ärger mit Zuckerrübenanbauern, Raffinerien, Bonbon- und Pralinenherstellern zu vermeiden, füge ich an: Zucker ist ein wertvolles Nahrungsmittel, ein Energieträger erster Güte. Er geht über den Speichel sofort ins Blut, verbessert den Geschmack, hebt das Aroma. Ergänzendes ist in Vierfarbenwerbedrucksachen der Marketingfirmen nachzulesen. Aber jetzt zum Persönlichen: Kriegen Sie auch manchmal so eine Gier nach was Süßem? Und zwar nicht nach den allerfeinsten handgegossenen Pralinen, nicht nach der erlesenen Mousse au chocolat und dem Tiramisu, nicht nach der echt original Sachertorte, sondern nach ganz simplem Schleckzeug? Nach Kremhütchen zum Beispiel. Die waren früher innen rot, grün, rosa, orange, weiß ... jetzt gibts leider nicht mehr alle Farben. Oder essen Sie lieber Bärendreck? Nein, nicht die Lakritzbonbons im Fertigpack aus der Plastiktüte. Das müssen so Schnürl sein, so eine Art Schuhbandl, die man langsam in sich hineinzuzeln kann. Liebesperlen sind auch herrlich, zum Spielen mit der Zunge. Aber die kriegen Sie heute nur mehr im Spezialgeschäft. Da heißts suchen.
Leichter erwischen Sie Warschauer. Aber qualitativ sind sie auch nicht mehr wie früher, wo sie nur aus zusammengekratzten und verbackenen Bröseln waren: das Stück für ein Fünferl. Jetzt sind sie teurer und schmecken auch anders. Vielleicht verbietet das Lebensmittelgesetz die frühere Resteverwertung.
Oder mögen Sie lieber Amerikaner: diese Pflatschen aus hellem Teig, mit dickem Zuckerguß? Ich kenne eine Amerikaner-Spezialistin, die behauptet: In ganz München gibts nur ein einziges Geschäft, wo sie fast beinah so ordinär schmecken wie in unserer Kinderzeit.

Oder suchen Sie eine andere Spezialität von ehedem? Zuckerpfeiferl? Waffelbruch? Säuerlinge, Seidenkissen und Himbeeren, aus einem großen Glas stückweis für einen Pfennig herausgeklaubt? Sie suchen vergebens.
Aber wer weiß: Vielleicht suchen wir sowieso gar nicht das alte Schleckerzeug, sondern den süßen Geschmack der Kindheit. Und der ist in keinem Laden zu kaufen.

Schuhe

Nichts liegt mir ferner, als gegen Gerichtsurteile zu mosern. Obwohl es manchmal sehr naheliegt. Diesmal allerdings kann ich Ihnen von einem Urteil berichten, das zweifellos die Hälfte der Menschheit zufriedenstellt. Zumindest, soweit sie weiblich ist.
Es geht darin um Schuhe. Wie Schuhe vor Gericht kommen können? Nur symbolisch. Und wenn sie vor der Wohnungstür in einem Mietshaus stehen, wo . . .
Nein, ich muß mich dem Fall ausführlicher widmen. Also: Eine Hausgemeinschaft wollte absolute Sicherheit im Treppenhaus erreichen. Nichts sollte mehr rumstehen dürfen außer Kinderwagl. Das ist eine lobenswerte Ausnahme, die es nicht überall gibt. Aber – so hieß es – Blumenkübel und Schuhe auf den Abstreifern vor Wohnungstüren müssen entfernt werden! Was da Unfälle passieren könnten, wenn jemand nachts heimkäm und das Licht tät nicht funktionieren! Also: weg damit!
Mit diesem grundsätzlichen Abstellverbot für Schuhe vor Wohnungstüren waren aber etliche Bewohner nicht einverstanden. Vermutlich waren es Bewohnerinnen. Oder kennen Sie vielleicht

eine Mutter, die verklärt lächelnd zuschaut, wie der hoffnungsvolle Sprößling mit Dreckstiefeln und Hund durch die Wohnung stapft? Ah was! Die gibts doch nur in der Putzmittelreklame. Jede andere schreit: »Draußen erst Schuh ausziehen!«
Um also diese erzieherische Maßnahme und die Bodensauberkeit zu retten, strengten sie einen Prozeß an. Die Richter entschieden sich für die Zulässigkeit des Schuhausziehens und -aufstellens mit folgenden Argumenten, die in leserfreundlicher Übersetzung etwa so lauten: »Ja, was waar denn net des? Schuhausziehn war schon Sitte, seit wir denken können. Und dabei bleibts. Und überhaupt: Die Schuh störn doch keinen! Von wegen Unfallgefahr! Vor einer fremden Tür hat niemand was zu suchen! Oder machen da vielleicht Spätheimkehrer unfreiwillige Kurven? Selber schuld, wenn einer vom geraden Weg abweicht. Es ist eben nix im Leben ganz ohne Risiko.«
Zucker, was? Wenn auch vielleicht nicht für Sie, meine Herren. Fügen Sie sich trotzdem der richterlichen Weisheit und der Mahnung Ihrer besseren Hälfte, wenn sie zärtlich und juristisch fundiert ruft: »Vati (oder Papa oder Liebling), zieh fei d' Schuh aus, bevorsd' reingehst! I bin grad fertig worn mitm Saubermachen!«

Sommerloch

Als Sommerloch bezeichnen die Journalisten jene Zeit, wo die Nachrichten spärlicher fließen, weil die Politiker in Ferien sind. Womit sollen sie denn bloß ihre Zeilen und ihre Sendeminuten füllen, wenn sogar das englische Königshaus keine neuen Babies und damit ein paar Schlagzeilen liefert! Die neuen Katastrophen sind doch immer die alten! Wer will denn davon noch was

hören? Und sonst ... Nicht einmal das Ungeheuer von Loch Ness taucht mehr auf!
Es ist, nein, es wäre zum Verzweifeln, wenn nicht die sogenannten Stallwachen in Regierung, Ämtern und Behörden sich ihrer und unserer erbarmten! Sie füllen das Sommerloch mit Eifer und mit Warnungen, damit wir nicht auf die Idee kommen, wir könnten auch ohne sie schlau genug sein. Davor kann man nur warnen!
Darum warnt der ... nein, ich nenne keinen Namen, davor bin ich gewarnt! Ich sage nur: Irgendeiner warnt immer: vor Abrüstung, vor Aufrüstung, vor den Russen, den Libyern, den Japanern – dies letzte aber nur wegen ihrer wirtschaftlichen Stärke, vor der man nicht genug warnen kann, ebenso wie vor Drogen, Rauchen, Dick- und Dünnwerden, Cholesterin, Abgasen und dem Verlust von Pässen, Brieftaschen und Unschuld. Ich weiß schon: das paßt nicht ganz zusammen. Aber ich muß etwas raffen, sonst bring ich nicht einmal die Hälfte aller Warnungen unter.
Gewarnt wird ferner vor Falschparken, Schnellfahren, Schwarzfahren, Schwarzsehen sowie vor Sonnen- und Insektenstichen, aber auch vor Anti-Insektenlampen. Da fliegen viel zu viel nützliche Viecherl hinein, Schädlinge und Elefanten hingegen kaum. Wie komm ich jetzt auf Elefanten? Richtig: Vor Elefantenzahnkleinteilen in Form von Elfenbeinschnitzereien sei gewarnt! Die nimmt der Zollbeamte weg. Nicht, als ob ich vor Beamten an sich warnen möchte. Vor solcher Kühnheit kann ich nur warnen. Ich bleibe lieber bei ungefährlichen Warnungen: vor Wespen auf Zwetschgendatschi und Salmonellen im Hühnchen, vor Hautkrebs, Aids und sonstigen Verkehrsunfällen, vor Schweißgeruch und Karies, vor Hitzschlag und Frostbeulen (dies aber nur bei Ausflügen in die Antarktis), vor Kinderlärm einerseits und Bevölkerungsschwund andererseits und nicht zuletzt vor solchen ironischen Texten, die zu leicht mißverstanden werden.
So daß ich lieber den ganzen Unsinn sein lasse, bis er nach dem Sommerloch wieder voll durch die höhere Politik ersetzt wird.

Statussymbole

Wir sind eine klassenlose Gesellschaft. Jeder ist gleichberechtigt und kann es vom Baby bis zum Bundespräsidenten und theoretisch sogar zur -präsidentin bringen. Damit jeder kennt, wer wann wo und auf welcher Stelle der Stufenleiter steht, haben wir Statussymbole erfunden. Also kriegt das schlichte Kleinkind den billigen Kunsthaarbären. Dem Mittelschichtnachwuchs ist der klassische Markenplüschbär angemessen, der in der Oberklasse aus echtem Fell sein muß, in der oberen Oberklasse zudem in Über-Lebensgröße.

Dank langjähriger Übung erkennt bereits der Erstklaßler mit sicherem Blick, welche Schulranzen, Hosen, Schuhe »in« sind und dringend nötig; oder aber absolut »out« und verächtlich wie der Träger. Später wird der neueste Popper- oder Yuppie-Haarschnitt vom Exklusiv-Friseur ein Muß. Die einzig richtigen Hemden, Mappen und Uhren belegen mit Markenzeichen und Herstellermonogramm zunächst den elterlichen Status, später die eigene Einkommensstufe.

Wer obendrein das jeweils angemessene Auto fährt (angemessen ist nur eines, das immer drei Nummern größer ist, als es der Geldbeutel hergibt), steigt leichter aus dem Büro mit dem Bouclébelag zum besseren Hochflor und schließlich zur echten Seidenchinateppichausstattung bei steigender Raumgröße auf. Vergessen Sie nicht, bei jeder Statuserhöhung auch die Ihnen nun zustehende Schreibtischlänge – und -breite – nachzumessen! Spitzenverdiener können ein Original-Barockmodell beanspruchen.

Die Wohnungseinrichtung entwickelt sich von Schwedisch-Kiefer-Natur zu jenen Designermöbeln, die weder als Wäscheschrank noch zum Draufsitzen geeignet sind. Dazu hat der Aufsteiger ohnehin keine Zeit, vielmehr das Bestreben, zu einem grundsoliden altdeutschen Outfit mit Löwenpranken und hand-

Hier ruht ein deutscher Spieß-
er, der nie den Sarg verließ.

geschnitzten Akanthusblättern vorzudringen. Derzeit ist es bei jungen Konservativen besonders beliebt. Oder nicht mehr? Kontrollieren Sie bitte ständig die Weiterentwicklung, damit Sie nicht als altmodisch oder gar als fortschrittlich gelten, was derzeit besonders altmodisch ist. Höchste Aufmerksamkeit verlangt der statusentsprechende Wechsel der Kleidung. Fragen Sie sich immer wieder gewissenhaft: Ist schon russischer Zobel angemessen oder noch amerikanischer Silberlöwe? Von dauerhaftem Wert ist eine bayrische Gamslederne, selbstgeschossen auf einer Diplomatenjagd. Zeitlos für Damen wirkt immer ein schlichter Brillant von zwei Karat aufwärts auf einem französischen Modellkleid. Die weniger zeitlose Dame wird allerdings von Zeit zu Zeit gewechselt.
Wie? Sie brauchen keine Statussymbole? Gratuliere! Sind Sie schon so weit wie der alte Henry Ford, der vielfache Milliardär? Er verreiste immer im fadenscheinigsten Anzug mit dem Argument: »Wo man mich kennt, brauche ich keinen besseren. Und wo man mich nicht kennt, auch nicht.«

Stöbern

»Stöbern« Sie? Oder halten sie es mit dem »Großreinemachen«? Beides ist gleich zeitraubend. Und vermögensraubend.
Das sollten wir Frauen immer wieder bedenken, bevor wir uns von der Verzweiflung hinreißen lassen und sagen: »Jetzt schmeiß ich aber endlich amal den ganzen alten Plunder naus!« Vorsicht! Sie berauben vielleicht Ihre Urenkel einer sicheren Vermögensanlage!

Nur ein Beispiel: Der Andy Warhol hat 175 kitschige Industrie-Keksdosen gesammelt. Und wissen Sie, was die bei der Versteigerung erbracht haben? 250000 Dollar! Noja gut, nicht jeder ist ein Andy Warhol, und wer weiß, ob man den in 100 Jahren noch kennt. Aber Keksdosen kennt man dann vielleicht auch nimmer. Und die sind dann allerhand wert. Bitte, haben nicht unsere bronzezeitlichen Vorfahrinnen ihre kaputten Haferl verächtlich in die Latrinengruben geworfen? Und heut sind sogar die Scherben unbezahlbar. Warten können muß man halt.
Freilich haben manche Wohnungen nur ein beschränktes Fassungsvermögen. Da muß man sich eben auf Kleinteile oder faltbares Material beschränken. Sie, schmeißens bloß keine Plastiktüten weg! Die ersten kosten bereits x-tausend Mark. Und es könnte ja sein, daß irgendein gescheiter und energischer Mensch an einflußreicher Stelle es tatsächlich einmal durchsetzt, daß der übertriebene Verpackungsplunder verboten wird. Ja, dann sind doch Sie mit Ihrer Glumpsammlung absolut Spitze! Und wenn nicht: was glauben Sie, wie dankbar Ihnen die Müllabfuhr ist, wenn Sie möglichst viel Mist privat aufbewahren. Hausfrauen denken natürlich jetzt gleich, daß sich darin das Ungeziefer hält. Aber das darf man heutzutag nimmer so eng sehen. Auch Staubmilben und Schimmelpilze brauchen eine biologische Nische zum Überleben. Und darüber freuen sich möglicherweise Ihre umweltgeschädigten Nachkommen ganz besonders. Denn was wir uns und ihnen derzeit mit unserem übertriebenen Sauberkeitsfimmel zwischen Klospülen und Müllverbrennung antun, no, dagegen war der alte Dreck ausgesprochen gesund.
Also, warum überhaupt noch stöbern? Schonen Sie sich, Ihr Kreuz, Ihre Nerven, Ihren Bakterienflor und Ihre Familie. Denn Sie wissen ja: Derkennt is mit der Schufterei sowieso nix.

Tauben

München ist fast wie Venedig. Zumindest was die Tauben angeht. In beiden Städten tobt ein stiller, aber zäher Kampf gegen sie – in München ein noch stillerer. Denn der städtische Antitaubenbabypillenstreuer kann seine nachwuchsverhindernden Körndl nur im Morgengrauen verteilen, wo die Taubenmutterl beiderlei Geschlechts noch schlafen.
Selbst davon wird er bald abrücken, weil er damit nicht die Zahl, sondern nur die Gesundheit der Tauberln mindern kann, wie man seit kurzem weiß.
Noch ist der Kampf Mensch gegen Taube unentschieden. Sicher ist nur: Der Mensch hat ihn provoziert. Ist doch wahr: Ständig bauen wir Häuser, Kirchen, Schlösser und andere ideale Brutstätten für die Tauben! Können wir es ihnen da übelnehmen, wenn sie wirklich drin nisten und die Zeichen ihrer Anwesenheit auf uns herunterklecksen? Dabei verteilen sie in nachahmenswerter demokratischer Freiheit und Gleichheit ihre Relikte ohne Ansehen von Geschlecht, Stand und Herkunft auf die Häupter von Königen und Philosophen, deren Denkmäler sie gern besetzen, auch hier wiederum vorbildlich in ihrer Neigung, Überblick zu bewahren.
Verständlich ist allerdings, daß die Tauben wegen ihrer gesunden Verdauung bei einem Volk von chronisch Verstopften deutliche Gefühle von Neid und Mißgunst erregen.
Hingegen fehlt uns jede Berechtigung, ihnen ihre Vermehrungsfreudigkeit vorzuwerfen, wenngleich sie die einzigen Vögel sind, die einen derart zahlreichen Nachwuchs erzeugen: die Spezies Mensch ist ihnen dabei weit voraus.
Unübertroffen hingegen ist der täubische Fleiß. Während die meisten von uns sich um vier Uhr morgens noch eines mehr oder weniger gesegneten Nachtschlafs erfreuen, widmen sich die Tau-

ben bereits dem Broterwerb und klopfen mahnend, gurrend und futterheischend an die Fenster der schlummernden Faulenzer.
Im Augenblick scheint sich in der Auseinandersetzung Mensch/Taube eine Wende abzuzeichnen, nach dem Motto: »Freiheit für die Tauben! Gittert die Menschen ein!« Vielleicht wird es mit der Zeit werden wie in unseren Parkanlagen, wo Kinder auf den Spielplätzen eingezäunt werden, während die Hunde frei herumlaufen. Dieses Verfahren weitet sich bereits aus. Schon gibt es Häuser, deren Bewohner hinter einem feinen Taubenschutznetz leben, das Fenster, Fensterbretter, Simse und Vorsprünge überspannt.
Wäre die freiwillige Selbsteingitterung der Menschheit nicht eine geradezu geniale Lösung des Umweltproblems? Das wäre immerhin zu überlegen.

Trost

Alles Irdische ist vergänglich. Nicht nur Koalitionen zerbröseln, und Betonbrücken stürzen ein. Das ganze Weltall löst sich immer weiter auf. Bloß eines ist beständig: das Wapperl. Oder haben Sie schon einmal probiert, ein Preisetikett vor dem Verschenken von Pralinen, Strümpfen oder ähnlich Folienverpacktem abzuziehen? Leichter trennen sich Ehepaare als ein Wapperl von seiner Unterlage. Zumindest bleibt ein Loch in der Umhüllung als ständiges Zeichen des innigen Zusammenhalts.
Von Plastikwaren läßt sich ein Wapperl zwar beseitigen. Aber ein klebriger Batzen erinnert noch lang an die prinzipielle Anhänglichkeit des so grausam entfernten. Selbst wenn Sie sein Andenken mit Fleckenwasser zu löschen versuchen, wird eine matte Stelle im Glanz als ewiges Denkmal bleiben.

Entfernt sich ein Wapperl beim Waschen unfreiwillig aus der Kleidung, weil es nachlässig eingeklebt war, so rächt es sich fürchterlich für das ihm aufgezwungene Ende: Beim nächsten Mal geht das Stück wegen der fehlenden Hinweise zur fachgerechten Reinigung garantiert ein.
Selbst das an sich entbehrliche Kontroll- und Größenwapperl am Blusenkragen mahnt nach dem Abziehen noch wochenlang durch leichtes Zupfen an den Nackenhaaren, daß sich hier einst das treue Wapperl an uns schmiegte.
Aufkleber im Schuhinneren lassen uns die Wahl: Man kann sie entweder entfernen, dann bleibt der Strumpf am Papp hängen. Oder man läßt sie drin, dann rollen sie sich zu einer Wurst auf und man kriegt Hühneraugen auf der Fußsohle.
Am hartnäckigsten halten Wapperl als Qualitätszeichen auf feinen Gläsern. Selbst bei der Eisernen Hochzeit leuchtet noch vom ehemaligen Aussteuerservice der längst verstorbenen Tante das goldene Zeichen mit der Aufschrift: »Echt Kristall«. Mag auch das Glas brechen, das Wapperl bleibt ungebrochen. Noch im Hinscheiden grüßt es uns tapfer aus dem Mülleimer mit der Warnung: »Nicht spülmaschinenfest!«
Also ärgern wir uns nicht über das Wapperl. Es ist das – vermutlich – letzte Beständige in unserer flüchtigen Welt.

Unser König Ludwig

Er ist immer noch unser Märchenkönig, der zweite Ludwig, der romantische: mit seinen Schlössern und Gärten und dem traurigen Ende in den Wassern des Starnberger Sees. Und mit der Flurbereinigung. Doch, die verdanken wir ihm auch.

»Wir, Ludwig der Zweite, Pfalzgraf bei Rhein ... « undsoweiter. Mit all seinen Titeln beginnt das Dokument von 1886, worin aufgeführt ist, daß solchermaßen Unternehmungen begonnen und verstanden werden, »welche eine bessere Benützung von Grund und Boden durch Zusammenlegung von Grundstücken und durch Regelung von Feldwegen bezwecken.« Und daß Gemeindeland und Umland in die Neuordnung eingeschlossen werden. Diese Unterschrift war eine der letzten, die er geleistet hat. Unser aller König Ludwig!
Und jetzt hammas, die flurbereinigte Landschaft.
Was er heute wohl sagen würde, wenn er nachts, wie er es liebte, durch sein Bayernland fahren könnte?
Vielleicht gar nichts. Er war schon zu Lebzeiten schweigsam geworden. Nicht nur, weil er wegen seiner fauligen Zähne den Mund nur noch ungern öffnete.
Ob dann der Kutscher ganz ohne Befehl bremsen und sagen würde: »Halten zu Gnaden, Majestät, aber da gehts jetzt nimmer weiter. Der alte Weg ist aufgelassen oder vielmehr zugeschüttet mitsamt dem Bacherl. Damit die Bauern genug Platz haben für ihren Mais, mit dem sie ihr Vieh so reichlich füttern, daß sie hernach die Milch wegschütten und Butter und Fleisch verschenken müssen. Pack ma's vielleicht hinten rum, über die frühere Orchideenwiese. Die ist jetzt trockengelegt, weil sie drunter das Wasser rauspumpen für die königliche ... naa, freistaatliche Landeshauptstadt. Aber Deifideifi, da müßt ma ja dann über die Autobahn, und die ist für Rösser verboten. Wir könnten höchstens am See vorbei ... halt naa, geht aa net. Außerhalb vom Schloß ist alles Privatbesitz. Majestät hätten, mit Verlaub zu sagen, damals nicht den Bismarck mitsamt seinen Preußen kommen lassen sollen ... Naa, i sag schon nix. Mach' ma halt eine Schleife durch den königlichen Wald. Aber da müßt ich erst den Schlüssel holen für die Schranke. Ab sechse ist der Forstweg nämlich abgesperrt. Hoffentlich ist der Verwalter noch wach. Tschuldigens, Majestät, bin bald wieder da ...«
Der König würde sich vielleicht ein kleines bißchen wundern. Aber nicht allzu viel. Weil die Beamten schon zu seiner Zeit

genau auf die Einhaltung ihrer Dienststunden geachtet haben. Er würde sich in die Polster zurücklehnen und im Dunkeln gar nicht merken, daß um ihn alles so tot ist wie er. Denn die Vögel haben auch früher nicht gesungen, sondern geschlafen auf seinen nächtlichen Fahrten. Und zwischen schlafenden und ausgestorbenen Vögeln ist akustisch kein Unterschied. Beim schwachen Schein der beiden Lampen an der Kutsche würde er die totgespritzten Felder nicht sehen und die fehlenden Blumen nicht vermissen. Und weil die dünnen Äste an den kranken Bäumen nicht mehr säuseln können, würde mit der Stille vielleicht endlich Ruhe in sein Herz einziehen.
In unseres nicht. Weil die Wirklichkeit ohne Märchenkönig und ohne die Hülle der Dunkelheit recht beunruhigend aussieht.

USPO

Noch heißt die Sache ISPO und gilt als Abkürzung für die Internationale Sportartikelmesse, die jährlich wiederkehrt. Nur fragt sich: wie oft noch?
Die Sportartikelindustrie hat es immer schwerer. Früher waren leicht neue Schifahrer zu gewinnen, neue Segler, Surfer, Flieger. Jetzt aber, wo die Natur bald wegen Überfüllung geschlossen werden muß, gibt es nur zwei Auswege: Der eine ist, Sport mitsamt -artikelverkauf mehr denn je ins Ausland zu verlagern, damit andere Gegenden mit Hilfe unserer Produkte ruiniert werden. Diese Idee ist bereits weithin verwirklicht.
Die andere ist zwar nicht gänzlich neu, wird hier aber von mir (Achtung, Urheberrecht!) entscheidend mit dem Vorschlag zu

einer jährlichen USPO ausgebaut. USPO steht als Abkürzung für UnSPOrtliche Messe. Das ist der neueste Trend.
Anfänge wurden bereits mit dem »strolling« gemacht, das sich trotz der unerläßlichen englischen Bezeichnung vermutlich wegen des unsoliden Anklanges an »Herumstrolchen« nicht durchsetzen konnte. Das gleiche als »walking« unter Verwendung von walking-Schuhen und walking-Anzügen dem Walker empfohlen, hat allenfalls dem gleichnamigen Whisky mit dem Vornamen Johnnie geholfen. Die Sportartikelhersteller aber warten – bisher vergebens – auf den gewinnbringenden, walkingartikeltragenden Spaziergänger. Hier fehlt eine wirkungsvoll arbeitende, medienübegreifende Werbung, von mir als USPOPO bezeichnet: die *Unspo*rtliche *P*ropaganda*o*rganisation.
Wir wissen aus anderen Bereichen, daß allein eine schwache Pressestelle für Mißerfolge verantwortlich ist. Umgekehrt kann der potente Fachmann selbst ein Nichts als ein Etwas verkaufen. Die USPOPO muß also den Verbraucher lehren, daß im Prinzip sämtliche Bewegungen als gesundheitsförderndes Training gelten können, wenn sie unter Verwendung von Sportartikeln stattfinden. Und nicht nur das! Auch Nicht-Bewegungen wie das Sitzen vor dem Fernseher können mit Hilfe schlotternder Trainingsanzüge zum Gewinn für die Hersteller werden. Dank der USPOPO wird es gelingen, den menschlichen Körper mit sämtlichen Regungen noch intensiver als Nutzfläche für Produkte der Freizeitindustrie zu verwerten. Und zwar jeden Teil mehrfach.
Ein gutes Beispiel liefert die Einführung von drei bis vier zwikkenden Gymnastikanzügen übereinander mit legwarmers und Stirnbändern kombiniert, die jährlich durch neue Modelle ersetzt werden. Sie bedürfen der Ergänzung durch Sondermodelle für andere Extremitäten. So könnte mit Hilfe von fingertrainers, früher Handschuhe genannt, jedes Nasenreiben, Kopfkratzen und Bartzwirbeln zur Förderung der Feinmotorik und der Handschuhmacher dienen. Drei Millionen Bundesbürger und Politiker, die von Rheuma und ständigem Händedrücken geplagt sind, brauchen fingersafertrainers mit Doppelpolste-

rung. Puls- oder besser armwarmers in Neonfarben geben zusätzlich kessen Touch.
Auch der Kopf braucht Sportartikel. Kein Denker betreibe fürderhin sein Gedächtnistraining ohne fesche headwarmers! Die Hutindustrie will endlich auch einmal wieder leben! Sie entwickle attraktive Zusatzklappenmodelle mit Spielraum für das Ohrenwackeln: eine der wenigen Sportarten, die noch nicht als gemeinnützig und steuerbegünstigt anerkannt sind. Hier liegen enorme Möglichkeiten für Erzeuger von Vereinsabzeichen, Pokalen und Orden bis hin zur touristisch nutzbaren Ohrenwacklerolympiade mit neuen elektronischen Wackelfrequenzmeßgeräten!
Wer noch den Hals steifhält, verwende neckingshirts entweder mit Weichmachereffekt oder mit doppelt verstärktem Kragen. Für gebeugte Rücken sollten backtrainers entwickelt werden mit specialoutfit für rückgratlose Radfahrer, die zum Treten specialshoes anlegen sollten. Und so weiter und so fort, bis selbst der letzte Schnaufer in eine wirtschaftsfördernde Übung verwandelt ist. Wer das nicht mag, kann es halten wie die Hundertjährigen, die ohne Sport uralt geworden sind.

Valentin

Den 14. Februar sollten sich die Herren im Kalender rot anstreichen. Da ist Valentin. Vergessen Sie bloß nicht die Blumen für die Ehefrau, für die Freundin, für die Lebensgefährtin oder wie immer man das nennt.

Nicht, als ob ich für die Blumenhändler Reklame machen möchte. Aber seit es ihnen gelungen ist, diesen umsatzsteigernden Gedenktag auch bei uns einzuführen, rechnen auch jene Damen mit einem Sträußchen, die versichern, sie hätten überhaupt nicht damit gerechnet. So unergründbar ist der Mensch. Und der Ursprung des Valentinbrauches ebenfalls.
Mit dem heiligen Valentin beziehungsweise mit den zwei heiligen Valentinen hat er nichts zu tun. Beide Herren sollen zwar die Gläubigen vor Fallsucht schützen. Aber zwischen dieser Krankheit und dem früher üblichen Niederfallen eines Mannes zu Füßen der Geliebten läßt sich kein Zusammenhang herstellen.
Nur das Datum des Valentintages hat schon immer etwas mit Liebe zu tun gehabt. In vorchristlicher Zeit feierten die alten Römer Mitte Februar eine Art Fruchtbarkeitsfest. Der Hinweis darauf soll die sparsamen Blumenspender von heute nicht abschrecken. Dennoch ist der Zusammenhang zwischen Frühling und Liebe und deren Folgen eindeutig.
In England ist – freilich viel später – an Valentin sogar ein scherzhaft gemeintes Liebesverhältnis per Los gestiftet worden: zwischen einem Valentin und einer Valentine. Wer ganz privat seiner eigenen Valentine was Liebes tun wollte, hat ihr die entsprechende Botschaft mit Brieferl und Herzerl und Blumen geschickt. Von da aus ist der Brauch nach Amerika gekommen. Und nach dem Krieg über eine geschickte und nachhaltige Werbung zu uns.
Deswegen sagen manche Männer: »Ich schenk der Meinen doch nicht auf Kommando Blumen! Nein! Ich mache das nach meinem eigenen System. Und zu meinem ganz speziellen Termin.« Und den vergessen sie dann. Das wiederum vergessen ihnen die Frauen nicht, besonders, wenn die Männer sowas öfter vergessen.
Daher ein Tip für die verehrten Leser: Kontrollieren Sie nicht nur Ihren Vormerkkalender und tragen Sie mögliche und nötige Blumenspendetermine ein. Sondern machen Sie auch einen Knopf ins Taschentuch – für den nächsten Spontankauf.

Vatertag

Haben Sie schon die »neue Väterlichkeit« bemerkt? In Gymnastikkursen für werdende Mütter und später beim Kinderwaglschieben wird sie halb- oder ganzöffentlich sichtbar. Bei Scheidungsklagen und beim Kampf ums Sorgerecht ist sie sogar amtsbekannt.
Was aber ist zwischendrin? Wie stellt sich der Vater als Nicht-Hausmann dem Kind so eindrucksvoll vor Augen und Seele, daß es am Vatertag freudig in den Vers ausbricht: »Väterlein, wie lieb ich dich/wirklich so herzinniglich . . . « Schmarrn, gell? Sowas sagt doch kein Kind.
Das ist es ja eben! Denn das gleiche Gedicht, auf das Mütterlein geeicht, lernt es im Kindergarten oder von der Großmutter: weils halt gar so herzig ist! Beim Vater aber läßt uns die Festtagspoesie vollkommen im Stich.
Überhaupt ist in der gesamten Literatur nicht viel los mit Vater-Lobpreisungen. In den Schulbüchern wimmelt es nur von sorgenden und ständig kochenden, flickenden, strickenden Mutterhänden, die – selbstverständlich bei weggelegten Nadeln – über heiße Kinderstirnen streichen. Der Vater aber fährt höchstens Auto. Was außerhalb von Schulbüchern die Mutter genausogut kann. Zwar sind alle mißratenen Kinder den Müttern und ihrem Versagen anzulasten. Behaupten Psychologen und Sozialpolitiker, die den berufstätigen Frauen gern ein schlechtes Gewissen machen, damit sie die Arbeitsplätze räumen. Trotzdem kriegen die Mütter zum Muttertag ihre Blumen und ihre Pralinen. Und den fälligen Besuch im Altenheim. Was aber kriegt der Vater? Höchstens drei Herzinfarkte, wodurch er das Altenheim gar nimmer erlebt. Wie aber kann er vorher seine Abkömmlinge so beeindrucken, daß sie gerührt oder zumindest pflichtgemäß zum Vatertagszigarrenkistl – für Nichtraucher zur Vatertagsweinflasche – greifen? Das ist wahnsinnig schwer!

Bitte: Wo führt noch einer überzeugend mit nervigen Händen Pflug oder Schwert oder Schmiedehammer? Sowas traut man sich ja nicht einmal gemalt in eine Kunstausstellung zu hängen! Und wo ist das Kind, das bereits unter dem Christbaum und unter dem Papierhelm den Gedanken hegt, Soldat zu werden wie der vorbildliche Papa? Nicht einmal Lokführer oder Trambahnschaffner haben noch den früheren Symbolwert! Fußballer, ja, das eher. Aber gerade der Spitzenspieler bietet kein nachahmenswertes Vaterbild. Solang er aktiv ist, spürt ihn das Kind nur bei Pressefototerminen, wo er es strahlend ans Trikot drückt. Aber wenn es endlich begreift, woher das Geld für die Villa kommt, ist er fürs Spielen zu alt. Und wahrscheinlich geschieden.
Und wie soll sich der Durchschnittsverdiener überzeugend darstellen? Der Großvater hat ehedem als Ernährer die dankbaren Kinderaugen leuchten sehen, wenn er am Samstag die Lohntüte auf den Küchentisch legte. »Ja, unser Papa bringt halt was heim«, hat die Mama gesagt. Aber das automatische Abbuchen von Miete respektive Hypothekenzinsen, Strom-, Wasser-, Müllabfuhr- und Telefongebühren vom Konto bewegt ein Kind nicht so, daß es am Vatertag freiwillig und dankbar zum Blumensträußerl greift.
Und in der Freizeit? Hat der Vater noch Chancen beim Joystick am Computer? Kann er mit Mensch-ärgere-dich-nicht gegen den Fernseher antreten? Mit seinen bescheidenen Geigenkünsten gegen den Walkman im Ohr der Tochter? Soll er mit seinen Englischkenntnissen bei Hausaufgaben den Familienfrieden vollends ruinieren?
Selbst der beliebte Vater ist schwer zu feiern. Bei der Mutti ist es einfach. Sie freut sich, wenn sie am Muttertag nicht stundenlang kochen, sondern in der Gaststätte bloß stundenlang warten muß, bis endlich der lauwarme Schweinsbraten mit dem zähen Knödel und dem welken Salat auf den Tisch kommt. Aber dem Vati kann man sowas nicht zumuten!
Wenn man ihn aber allein seinen Vatertagsausflug machen läßt, holt er sich allenfalls beim Trinken einen zusätzlichen Leberschaden und jene Promille, die ihm den Führerschein und den letzten

Respekt kosten. Einen Ausflug mit einem Faßl Bier auf dem pferdegezogenen Kremserwagen wird ein bayrischer Vater sowieso verachtungsvoll zurückweisen. Erstens ist es ein norddeutscher Brauch. Und zweitens weiß jeder, daß dem Bier das Rumkarren in der Wärme nicht guttut. Der Kenner trinkt seine Maß geruhsam im Schatten von Kastanien in einem idyllischen Wirtsgarten. Aber da kriegt er am Vatertag keinen Platz mehr. Also: Wie soll man einen guten, lieben, braven Vater wirklich richtig feiern? Wer einen hat, wird sicher auf etwas kommen, das ihn freut. Denn verdient hat ers.

Verhütungsmittel

Ein Arzt hat ein neues Verhütungsmittel gegen das Schnarchen gefunden. Oder haben Sie bei der Überschrift mit etwas anderem gerechnet? Dann muß ich Sie leider doppelt enttäuschen. Denn mit dem Anti-Schnarchmittel wird es so schnell nichts werden. Weil der Mann in Jugoslawien sitzt. Und man weiß ja, wie zäh das mit dem Osthandel geht. Dabei hätte ein Löffelchen von seinem Mittel jedes Gaumensegel vom Flattern abgehalten. Auch auf ein schwedisches Antischnarchgerät warten wir schon lang vergebens. Getestet ist es bereits: von 200 hochqualifizierten Starkschnarchern, von denen jeder über 85 Dezibel Lautstärke einsetzen kann – das ist fast Dampframmenton. Das Modell wäre nicht schlecht: Ein elektrisches Gerät im Bett fängt zu bitzeln an, sobald ein störender Geräuschpegel erreicht ist. Aber es kommt einfach nicht in die Massenproduktion, vermutlich weil es zu spät anspringt, so daß der Nichtschnarcher im

Nachbarbett schon lang vorher wach ist. Es gibt zwar auch Elektroinstallationen, die den Schläfer bereits beim geringsten Ton wecken. Aber wer läßt sich schon gern beim geringsten Ton wekken? Die Technik hat bei beiden Modellen ihre Tücken.
Bloß: Altmodische Vorrichtungen bringen auch nicht viel Erfolg. Oder kennen Sie einen Schnarcher, der sich Nacht für Nacht brav seine Kinnschleuder umbindet, damit der Mund zubleibt? Auch ein eingenähtes Holzklötzerl im Rückteil des Nachthemdes wäre äußerst wirkungsvoll. Weil sich da keiner drauflegt. Und nur Spezialisten können auch in Seitenlage schnarchen.
Aber wie bringt man einen Normalschnarcher in so ein Nachthemd? Das ist das Problem! Freiwillig zieht ers nicht an. Höchstens, wenn man furchtbar lang auf ihn einredet. Und dann ist der eheliche Frieden so gestört, daß beide nimmer schlafen können. Also: was tun?
Glücklicherweise haben wir unsere Psychologen mit ihren Ratschlägen für alle Lebenslagen. Sie sehen die Rettung nicht im Abschaffen des Schnarchens, sondern im bewußten Genuß dieser Schallwellen durch den Nichtschnarcher beziehungsweise durch die nichtschnarchende Lebensgefährtin. Sie saugt gewissermaßen Honig aus jedem Ton. No, Honig ist vielleicht nicht ganz passend. Sagen wir: sie genießt ihn und gewöhnt ihn.
Das kann erfahrungsgemäß so gut gelingen, daß manche Frauen überhaupt erst dann einschlafen können, wenn das angeheiratete Sägewerk durch volle Betriebsstärke seine Anwesenheit im Ehebett belegt. Und wenns wirklich einmal zu laut wird, reicht ein zartes Zupfen von liebender Hand – und schon mindert sich das Fortissimo zum zartesten Pianissimo. So daß das beste Anti-Schnarch-Mittel das biblische ist, das lautet: »Die Liebe überwindet alles.«

Versicherungen

Denken Sie bitte nicht gleich an die Krankenversicherung! Das verdirbt nur die Stimmung. Und zwar ganz zu Unrecht. Denn bei der vielbeklagten Gesundheitsreform ist doch die Gesundheit überhaupt nicht reformiert worden. Nein! Sie dürfen genauso krank sein wie bisher. Nur kostets mehr.
Über die Rentenversicherung schweigen wir lieber. Was uns die Reform bringt oder vielmehr nimmt, spüren wir sowieso erst, wenn es zu spät ist.
Seien wir dankbar, daß Vater Staat in seiner wahnsinnigen Fürsorglichkeit das unumgänglich Nötige vorgeschrieben hat. Denn wer von uns würde freiwillig Hunderttausende von Mark in die Pflichtsozialversicherung mit Pflichtkrankenversicherung, Unfall- und Arbeitslosenversicherung einbezahlen, in die Haftpflichtversicherung der Autofahrer und in die Pflichtbrandversicherung der Hausbesitzer? Leichtsinnig, wie wir sind, würden wir unversichert viel billiger leben wollen!
Dabei ist sogar Zusätzliches nötig, sagen die Versicherungsvertreter: zum Beispiel ein paar Scheine monatlich für 1. Klasse im Krankenhaus. Plus Tagegeld und Einkommensausfallversicherung. Nicht zu vergessen die Hausratversicherung: gegen Brand, Wasserschäden und Einbruchdiebstahl. Denn angenommen, Sie verreisen ... Schließen Sie ja eine Reiserücktrittsversicherung ab, eine Reisegepäckversicherung und eine Reisekrankenversicherung! Nach der Gesundheitsreform übernimmt die Pflichtkrankenkasse die Kosten im Ausland nicht mehr wie früher. Wenn Sie aber in Bali krank werden ... Richtig: eine Reiserückflugversicherung brauchen Sie noch, damit Sie notfalls schnell nach Hause kommen.
Wo Sie dann hören: Die Nachbarin, die Ihre Blumen versorgt hat, ist auf Ihrer Perserbrücke ausgerutscht und durch die Panoramascheibe gefallen, weswegen Ihr Hund sie vor Schreck gebis-

Versicherungen
A - Z

sen hat. Hoffentlich haben Sie dann eine Spezialglasversicherung und eine Privathaftpflichtversicherung mit Hundehaftpflichtzusatzversicherung und eine Krankenversicherung für Ihren Bello, falls er in die Scherben getreten ist.
Oder haben Sie ein Kind? Unbedingt eine Ausbildungsversicherung abschließen! Und eine beziehungsweise zwei Lebensversicherungen mit Pflegekostenzusatzversicherung für das Elternpaar! Es gibt zwar Lästerzungen, die behaupten, daß von den Lebensversicherungen hauptsächlich die Aktionäre gut leben und daß viel mehr herauskommt, wenn man die Prämienbeträge ganz privat als Spargeld anlegt. Aber bedenken Sie das Risiko, falls . . .
Oder haben Sie wegen des Risikos schon eine dritte Lebensversicherung abgeschlossen wegen Ihres Hauses, Ihrer Eigentumswohnung: eine Hypothekenrückzahlungsgarantieversicherung, damit, falls . . .
Ich weiß, man spricht nicht gern über dieses »falls . . .«, und wer möchte gar die lieben Leser mit dem Tod erschrecken, aber . . . er kommt tatsächlich vor! Und dann lohnt sich eine Sterbeversicherung garantiert. Denn wenn Sie alle anderen Versicherungen bezahlt haben, bleibt Ihnen sowieso nichts mehr zum Leben übrig. Und bei einem vorzeitigem Hinscheiden wird daraus ein sicheres Geschäft.
Das gefällt Ihnen nicht? Tja, sonst gibt es leider trotz aller Versicherungen nichts Sicheres, solang wir leben. Aber grad das Unsichere ist das Amüsante daran, finden Sie nicht?

Verstrickt im Stau

Es ist immer wieder rührend, welche Fülle von Ratschlägen die Urlauber auf ihrer Ferienreise begleiten. Tausend Experten wissen haargenau, wie wir alles richtig machen könnten, wenn wir nur möchten. Bloß: wir mögen einfach nicht! Oder paßt Ihnen vielleicht der 1001. Ratschlag – diesmal vom deutschen Handarbeitsclub? Er lautet: Stricken Sie auf der Urlaubsfahrt im Auto! Berechnet ist: 8 Stunden Fahrzeit Berlin/Helgoland reichen für einen Pullover. Ob beim Umsteigen aufs Schiff im Gehen weitergestrickt werden muß, ist nicht angegeben.
Auch wurde leider bisher die handarbeitstechnische Verwertbarkeit des Staus München–Rimini noch nicht exakt überprüft. Nach dem Urteil hiesiger Strickerinnen schaut aber ein zusätzlicher Kinderpulli auf jeden Fall dabei raus. Beim Warten am Grenzübergang entsteht der linke Wadlstrumpf für den Papa, auf der Heimfahrt der rechte – oder auch umgekehrt. Nur während einer Panne sollten Sie nicht stricken. Derart viel Ruhe macht ihn nervös. Also, an die Nadeln, fertig – los!
Und schon dröhnen Jubelrufe aus Spinnereien und Handarbeitsläden. Was da Wolle und Garn verbraucht wird, wenn jährlich x Millionen Pkw in den Urlaub fahren oder vielmehr schleichen! Zwar wird nicht in jedem gestrickt, vor allem nicht, wenn Frauen am Steuer sind. Dafür kauft manche Mama doppelt so viel Knäuel, weil ihre Nachkommen und die Motten schneller wachsen als das Wolljackerl, so daß sie bald ein zweites anfängt. Auf jeden Fall sollten Sie Rundstricknadeln bevorzugen. Selbst das treueste Mutterauge nimmt beim plötzlichen Bremsen die Langstricknadel äußerst übel. Ob Sie nicht vorsichtshalber überhaupt andere Handarbeitstechniken wählen sollten?
Häkeln vielleicht? Auch schlecht. Eine Häkelnadel ist aus dem Zwerchfell bei einem Auffahrunfall nur schwer zu entfernen. Teppichknüpfen? Dafür ist in einem vollgestopften Familienwa-

gen zu wenig Platz. Sticken? Wie soll man bei der dauernden Bremserei exakt ins Loch treffen? Makramee knüpfen? Da hat man womöglich zum Schluß mehr Knoten drin als beabsichtigt. Aber irgendwas wird sich doch finden lassen! Es muß! Aktivurlaub ist in!
Freilich wärs auch denkbar, daß jemand sich einfach ganz gelassen und ruhig ins Auto setzt und einmal gar nix tut als sich bloß auf den kommenden Urlaub freuen.
Wie wärs damit?

Was du nicht willst ...

Ein amerikanisches Gericht hat einen gewissen Mister Milton Avol dazu verurteilt, einen Monat lang selber in einer von den Bruchbuden zu hausen, die er an andere vermietet. Damit er sie endlich einmal richten läßt, seine Ratten- und Wanzenquartiere. Denn die bisherigen Geldstrafen haben ihn dazu nicht bewegen können. Obendrein muß er nicht nur eine anständige Sanierung seines umfangreichen Besitztums bezahlen, sondern persönlich dabei mitarbeiten.
Ja, wenn sowas bei uns eingeführt würde, daß jeder selber ausbaden müßte, was er dem anderen einbrockt! Das hieße: Jeder Massenfabrikant von baazigen Semmeln muß so lang sein Zeug essen, bis er endlich den Unterschied zum Fließpapier begreift. Jeder Fleischerzeuger muß seine wäßrigen Schweinsschnitzel in der eigenen Pfanne braten und darf nicht heimlich für sich beim Bauern eine körndlgefütterte Sau kaufen. Jeder Handwerker, der ewig nicht kommt, muß einen Monat lang warten, bis ihm jemand seinen Wasserrohrbruch repariert. Jeden Lehrer treffen

alle Noten, die er gibt, auf sein selber auch nicht ganz unschuldiges Haupt. Alle Eltern, die von einem Sechser überrascht werden, weil sie sich vorher nicht darum gekümmert haben, müssen sich ihre Watschen selber geben. Alle bösen Nachbarinnen und Nachbarn müssen ein Jahr lang ihr eigenes Gekeif ständig vom Band hören. Jeder Richter muß probeweise einen Monat im Gefängnis sitzen, und jeder wohlbestallte Volksvertreter muß wenigstens eine Woche lang von der Sozialhilfe leben. Die Waffenhändler liegen dann endlich in ihrem eigenen Schußfeld. Die Verkehrsexperten wohnen an der Autobahn, am Mittleren Ring oder am Flughafen. Und wer die vielen Parkverbotstaferl aufstellt, bekommt eines auf seinen bisher freien Behördenparkplatz und kann nun genau wie wir suchen, wo er seinen Karren abstellen kann.
Vielleicht kommt dann ein bisserl mehr Gerechtigkeit auf die Welt, wenn jeder die Folgen von allem spürt, was er tut.
Das Schönste ist: Wir von der schreibenden Zunft kämen dabei am allerbesten weg, wenn wir zum Lesen unserer eigenen Artikel verurteilt würden. Denn das Selbstgeschriebene gefällt jedem gut.

Weihnachtsbäckerei

Backen Sie heuer Platzerl? Die eilige Berufstätige verzichtet ebenso darauf wie die verantwortungsvolle Familienmutter. Und das mit gutem Grund: Es kostet nur Zeit und Geld, die Kinder bekommen davon Karies, der Mann kriegt einen Bauch und sie selber schlechte Nerven und ein noch schlechteres Gewissen wegen viel zu viel Zucker, Fett, leeren Kalorien und so weiter.

Man hat ja schließlich seine Prinzipien.
Also werden niemals Weihnachtsplatzerl gebacken, sondern allenfalls Adventsplatzerl, weil sie an Weihnachten sowieso keiner mehr mag, weswegen sie bis Ostern reichen.
Und überhaupt und sowieso wird ja nur deswegen gebacken, damit es in der Wohnung weihnachtlich riecht. Und keinesfalls mehr als die traditionellen drei Sorten: Ausstechplatzerl, Vanillekipferl, Husarenkrapferl, Mandelbögen, Gewürzbusserl . . . ah, sind schon fünf! Noja, so genau gehts ja net. Denn man muß mindestens ein neues Rezept zusätzlich ausprobieren.
Wo doch alle Zeitschriften voll sind mit den herrlichsten Sorten! Runde, eckige, geschnittene, gerollte, gespritzte, gestreifte, getüpfelte, glasierte, alles handgeschmiedet . . . handgefertigt wollte ich sagen. Man wird direkt verwirrt von der Pracht aus den Musterküchen. Was die alles machen können aus einem bisserl Mehl und ein paar Zutaten! Mit einem einzigen zusätzlichen Löffel Rahm ergibt sich schon wieder ein neues Rezept! Der Geschmack bleibt freilich ziemlich gleich. Aber anders gehts eben nicht. Wie soll man denn sonst ständig neue alte Koch- und Backbücher herausbringen können, wenn nicht mit kleinen redaktionellen Änderungen?
Das Wichtigste ist sowieso der neue Name. Der zweite Löffel Rahm bringt nämlich gar nichts, wenn die Kreation dann »Rahmplätzchen« heißt. Die gibts doch schon. Der Neuentwurf heißt – sagen wir: Crème-fraiche-Petitessen. Fremdartig gewürzt wärens dann . . . Tropicanabällchen. Oder Exotenhäuferl. Nein, das klingt nicht vornehm genug für die nouvelle-Platzerl-cuisine. Aber da fällt den Fachleuten sicher noch was Besseres ein.
Die wahre Kunst beherrschen allerdings nur jene Weihnachtsbäckerinnen, bei denen gerade das alte Rezept immer wieder aufs neue schmeckt! Der einzige Nachteil dabei ist, daß die Makronerl jedesmal formlose Pflatschen werden.
Da aber zeigt sich erst das echte Talent: Sie nennen die Gebilde einfach »Mamas Weihnachtsplatzerl«. Und die sind das Beste, was es überhaupt gibt.

Wohnartige Berufsausübung

Bei der wohnartigen Berufsausübung handelt es sich nicht nur um eine vorbildliche Sprachscheußlichkeit, sondern sogar um ein vorbildliches Gerichtsurteil, in dem diese Formulierung enthalten war. Vielleicht betrifft es Sie auch? Man kann nie wissen . . . Die Sache verhält sich folgendermaßen:
Wenn ich daheim diesen Text verfasse oder Sie ihn zwecks Anfertigung einer vernichtenden Kritik gegen Honorar lesen, dann obliegen wir einer »wohnartigen Berufsausübung«. Für meine Person möchte ich das in aller Bescheidenheit zumindest hoffen. Denn das Kennzeichen der »wohnartigen Berufsausübung« ist nicht nur die Tätigkeit in den eigenen vier Wänden, sondern auch eine »individuelle geistige Leistung«. Sagten die Richter.
Anders ist das, wenn wir anfangen würden, Hunde zu baden und zu frisieren. Obwohl jeder Hundebesitzer weiß: Auch das setzt eine erhebliche geistige Leistung voraus, weil man nur kraft des überlegenen menschlichen Intellekts und mit Hilfe mehrerer Familienmitglieder einen Hund überhaupt in ein Badwanndl bringt. Also könnten wir möglicherweise mit unserem beschränkten Laienverstand annehmen: Je mehr Hunde gebadet werden, um so größer ist die geistige Leistung. Zumal wenn wir uns obendrein noch schicke Hundefrisuren ansdächten: oben ein Schopferl, unten vier Manschetterl, hinten ein Quasterl, vorn einen Zierbart und zwischendrein ein Schleiferl. Mei, goldig!
All das würde uns zu dem weiteren Schluß verleiten: Ein Hundecoiffeur, der im eigenen Haus diese »individuelle geistige Leistung« mehreren Hunden zuteil werden läßt, geht einer »wohnartigen Berufsausübung« nach.
Eben nicht, sagten die Richter. Und gaben den Nachbarn einer Hausbesitzerin recht. Die hatten gegen deren Hundecoiffeurbetrieb geklagt. Vielleicht waren ihnen die weithin hörbaren hund-

lichen Mißfallensäußerungen auf die Nerven gegangen. Oder auch die Erleichterung, die sich manches Viecherl nach der Behandlung am nächsten Hauseck gegönnt hat.
Jedenfalls entschieden die Richter: In Wohngegenden ist ein solches Institut wegen der Hygiene verboten. Und: Hundepfleger erbringen eine eher handwerkerähnliche Leistung. Etwa wie Viehklauenpfleger. Und die dürfen ihre Arbeit auch nicht in Wohngegenden verrichten.
So, jetzt können wir wenigstens sicher sein, daß Kühe nicht zur Pediküre ins Villenviertel gebracht werden. Wo es ohnehin so viel Ärger und Streit gibt um Tiere: Gockel, Katzen, Frösche, Schlangen, Löwen, Vögel . . . gegen welches Viecherl beziehungsweise gegen sein Fraule oder Herrle ist noch nicht geklagt worden? Freilich jedesmal aus anderen Gründen.
Oder am Ende doch nur aus einem? Nämlich, daß wir immer schlechter im Guten miteinander auskommen.

Wünsch dir was

Was wünscht sich der Mensch? Dank einer Umfrage wissen wir genau, was wir vorher schon geahnt haben: Glück wünscht er sich, persönliches Glück. Und zwar zusammen mit allen, die er oder sie liebt: Schatz, Partner, Frau, Mann, Papa, Mama, Kind. Alle sollen gesund sein, Erfolg haben, ein bisserl Geld wär auch nicht schlecht und ein Haus und ein Garten und . . .
Die Reihe ist lang. Drum kommen auch – soweit ich weiß – keine Feen mehr, die sich bereit erklären, uns drei Wünsche zu erfüllen. Das reicht doch hinten und vorn nicht. Sondern allenfalls

dazu, daß man sich mit dem dritten die Wurst wieder von der Nase wegwünscht, die man sich mit dem zweiten versehentlich hingewünscht hat. Man kennt das ja aus der Geschichte vom Johann Peter Hebel. Und mit noch mehr Wünschen kommen selbst erfahrene Feen nicht zurecht. Bitte: Wie wars beim Dornröschen? Die böse Dreizehnte hätte beinah alles zunichte gemacht, wenn nicht die langsame Zwölfte noch ihren Wunsch übrig gehabt hätte. Und selbst damit konnte sie bloß einen hundertjährigen Schlaf herbeizaubern. Sowas wäre heute ein glatter Flop!

Stellen Sie sich vor, Sie würden kurz vor dem Jahr 3000 von einem völlig antiquierten Prinzen geweckt, der mit Gaul und Schwert mühsam Dornenhecken durchbricht, während jeder mittlere Angestellte mit umgeschnalltem Flugapparat und Laserstrahl sich den Luftraum freikämpft. Unmöglich! Da sehen Sie es: Richtig wünschen ist wahnsinnig schwierig.

Drum halten wir uns heute möglichst zurück. Oder sagen Sie vielleicht noch: »Ich wünsche dir von Herzen viel Glück im neuen Jahr«? Ah was! Das heißt höchstens: »Ein gutes neues!« Oder gar bloß: »An guten Rutsch!« Dabei schaffen wir den Rutsch spielend. Oder auch schlafend. Das Problem sind nur die darauf folgenden zwölf Monate.

Zwischendrin gönnen wir uns allenfalls ein »Grüaßde«, »Pfütde« oder »Tschüß«. Wer wird schon eine höhere Instanz mit dem zeitaufwendigen »Behüt dich Gott« beauftragen? Lieber nur »Tach«, »Tschau«, »Hallo«, »Hallöchen« oder noch kürzer »Hei« oder »He«. Es pressiert.

Dabei hätte mancher den Wunsch für eine »gesegnete Mahlzeit« dringend nötig, weil er glatt die vierzehn heiligen Nothelfer braucht zum Verdauen der Kantinenkost. Wahrscheinlich heißts auch deswegen immer »Mahlzeit«, damit jeder weiß: Das bräunliche Häuferl auf dem Teller stellt in der Tat eine solche dar.

Und was bedeutet es für Sie, wenn jemand sagt: »Ich wünsch dir was«? Daß er zu faul ist, um sich was auszudenken? Oder daß er nicht sagen will, daß er was Schlechtes wünscht?

Dabei wär das sogar noch besser, als wenn einer wohlmeinend und voll Inbrunst sagt: »Ich wünsch dir, daß alle deine Wünsche in Erfüllung gehen!« Wär das nicht das Allergräßlichste überhaupt?

Xaver oder ...

Wer läßt heut seinen Buben noch Xaver taufen? Der Name ist »out«. Es sei denn, ein Erbonkel gleichen Namens wäre »in«. Dann müßte man den Kleinen aber mindestens Franz Xaver nennen, damit er nach amerikanischer Mode das X zum Abkürzen hat. Oder noch besser Francois Xavier. Denn ausländisch ist gut. Wenngleich nur bei Vornamen.
Als aber Eltern ihren Sohn als »Hemmingway« nach dem berühmten amerikanischen Schriftsteller eintragen lassen wollten, streikte der Standesbeamte. Das von den Eltern angerufene Gericht erklärte seine Weigerung als rechtens: Wir sind nicht in Amerika, wo ein Familienname als zweiter Vorname durchaus üblich ist. Vielleicht wissen die Leute dort auch, daß man »Hemingway« nur mit einem M schreibt. Außerdem: Muß man einem unschuldigen Säugling schon den Ärger mit der späteren Orthographie in den Kinderwagen legen? Nein, man muß nicht. Darum sei auch der Richter gepriesen, der in einem anderen Prozeß entschieden hat: Eltern dürfen ihren Buben nicht Pumuckl nennen. Schließlich kann nicht jeder als Kobold zum Fernsehen. Und ein Pumuckl als Personalchef, General oder Filialleiter ... undenkbar! Nicht einmal Politiker kann er damit werden! Der kriegt doch den Fuß gar nicht auf die unterste Stufe der Karriereleiter. Sogar privat wirken ausgefallene Vornamen vernichtend. Denken Sie nur an das Rumpelstilzchen im Märchen! Als es sei-

nen Namen hörte, riß es sich mitten entzwei. Berichten die Brüder Grimm. Selbst ein weniger dramatisches Ende kann sehr schmerzlich sein. Bitte, wie wars beim Lohengrin? Wenn einer schon per Schwan und obendrein auch noch mit einem derart ungewöhnlichen Namen daherkommt, kann er doch nur noch zu seiner Elsa sagen, beziehungsweise singen: »Nie sollst du mich befragen . . .« Aber wie soll sie ihn auf der Bühne anreden? »Putzi« oder »Bärli« geht schließlich nicht. Die gräßliche Folge ist, daß sich die Oper ewig hinzieht. Das erlaubt zwar den Damen in den Pausen das Zeigen ihrer Abendkleider. Aber im wirklichen Leben bringt das zu wenig.

Stellen Sie sich vor: Eine bedauernswerte edel getaufte Esmeralda Gloria Diana heiratet eines Tages den Hausmeister Brezenbichler. Damit erhält sie zwar einen höchst ehren- und lobenswerten Stand, aber eine wenig glückliche Kombination von Namen. Als Marerl hingegen wäre sie sogar als Fürstin Maria von Weißnichtwas äußerst vornehm gewesen.

Im gewöhnlichen Leben ist eben ein Mensch mit einem gewöhnlichen Namen gewöhnlich am besten bedient. Wie wärs zum Beispiel mit einem Franz Josef? Damit kann der Bub alles werden. Sogar Kaiser und Ministerpräsident. Dafür gibts Beispiele. Und wer weiß, was sich ergibt, wenn Ihr Franz Josef einmal groß ist . . .

Xaver und . . .

Noch eine Ergänzung zum vorigen Text. Weil manchen Eltern weder »Xaver« noch »Franz X.«, ja nicht einmal »Franz Josef Pumuckl« als Vornamen für ihr Kind genügen. Sie brauchen mehr.

Zum Beispiel für einen Sohn, der als »Ludwig Leopold Georg Robert Heinrich Kurt Konstantin« dem Standesbeamten gemeldet wurde. Aber nicht von ihm eingetragen! Der Listenführer entschied: Höchstens vier Vornamen! Allenfalls fünf. Für mehr habe ich nicht Platz.
So zogen die Eltern, um ihr Recht und alle sieben Namen durchzusetzen, vor ein Oberlandesgericht. Sie legten dar: Zwei Namen haben wir frei gewählt. Zwei sind von den beiden Paten. Die restlichen drei sind Familientradition. Weglassen können wir keinen. Unser Sohn braucht alle.
Der Richter entschied salomonisch: Im Prinzip hat der Standesbeamte recht. Ausnahmsweise aber die Eltern. Denn einerseits würden zu viele Vornamen die öffentlichen Register stören, andererseits aber . . . noja, also . . . wenns unbedingt sein muß . . . von mir aus.
So ungefähr.
Und warum muß es sein? Weil heutzutag nicht mehr ein Dutzend Nachkommen Namen und Ruhm der Vorfahren unter sich aufteilen können. Meist trägt nur ein einzelnes Buzerl Vergangenheit und Zukunft der Familie auf seinen schwachen Schultern, was manches Kind schon in die Knie gezwungen hat. Seelisch.
Wie wird wohl der siebenfach benamste Hoffnungsträger damit zurechtkommen? Muß er nach Muttis Wunsch als Ludwig musikalisch werden wie der Herr van Beethoven? Oder sieht ihn der Herr Papa als Leopold schneidig wie den alten Dessauer? Wo der Pate Georg doch ein so friedfertiger Rosenzüchter ist! Hoffentlich erbt er vom alleinstehenden Onkel Robert die Schrotthandlung! Wenn er allerdings vom Opa Heinrich den Eigensinn hat, wird er sichs mit dem Vetter Kurt verderben, der ohnehin schon mit dem Konstantin zerstritten ist.
Was aber wird sein, wenn der Ludwig Leopold Georg Robert Heinrich Kurt Konstantin Müller sich bei seiner ersten Heirat Müller-von Haberzettel auf Zettelhaber nennt, nach der Scheidung jedoch eine Frau Schmidt-Huber heiraten will? Wie soll er die Namen kombinieren?

Vielleicht überhaupt nicht. Weil er und seine Zeitgenossen bis dahin möglicherweise nur mehr per Nummer als Strichcode in die Datensammlung eingespeist, verchipt, gecheckt und zum Schluß daraus gelöscht werden.
Dann aber werden ihm nicht nur seine sieben Namenspatrone, sondern – hoffentlich – alle heiligen Nothelfer beistehen. Er wird sie brauchen.

Yrrtum

Nein, das ist kein Druckfehler, sondern Absicht. Erstens brauch ich das Ypsilon, weil mit dem »I« mein Alphabet nicht voll würde. Und zweitens will ich auch an der Sprache herumkorrigieren, wo es die Germanisten mit ihrer Rechtschreibreform doch ohnehin nicht schaffen. Oder glauben si fileicht, das das noch gelinkt?
Dagegen verändert sich die Grammatik zusehends, auch wenn es der Herr Duden für falsch hält.
Haben Sie in der Schule noch den »Wessen«-Fall gelernt? Oder den Genitiv? Dann wundern Sie sich vielleicht, wenn Sie immer öfter lesen, daß – sagen wir – der Offizier des Grenzschutz auf Anordnung eines Ministerium den Asylant zurückweist, während der Vorsitzende des Bundes Naturschutz mit einem ausländischen Studenten in einem Stau von zehn Kilometer steckenbleibt.
Was da an Endungen fehlt, legen wir einfach an anderer Stelle zu und vermehren das Nötige sogar »um bis zu« mehrere Wörter. Denn unsere Sprache ist unheilbar blasenkrank. Wortblasenkrank.

Drum gibt es in den feinen Speiselokalen auch kein Fleisch mit Zuspeis, sondern ein französisches Stück »von« Rind »unter« Kräuterbutter »an« Kroketten oder so. Eines Tages wird uns auch der Postwirt Spiegelei »über« Leberkäs »hinter«, »an« oder »neben« Kartoffelsalat servieren – aber das halten wir aus, wenns nur gut schmeckt.
Anderes verschwindet hoffentlich von selber – zum Beispiel der sprachliche Eisberg, dessen Spitze jedesmal auftaucht, wenn einer lügt und betrügt. Auch könnten wir auf manche Betroffenheit gut verzichten, wenn sich die Betreffenden wirklich betroffen fühlen würden. Und nicht bloß irgendwie. Aber ohne »irgendwie« kommen wir nicht aus. Sollten wir uns wenigstens das Ende der Sinnzerreißungsmethode wünschen? Die ist jetzt Mode bei Journalisten: Man beginnt mit einem Zitat, vollendet es aber erst nach langen Einfügungen. Das geht etwa so: »Ich muß dringend«, sagte der Kanzler bei einer Veranstaltung der Soundsovereinigung in Dingsda am soundsovielten . . .
Ja und? Unsereins fühlt seine peinliche Not aufs innigste mit. Aber ganz umsonst. Denn nach einem langen Einschiebsel wird erst klar, daß er gesagt hat: »Ich muß dringend . . . davor warnen!« Kaum atmet man erleichtert auf, schon reißts einen wieder, weil er sagt: »Ich gehe . . .« Dabei geht er nur – nach ellenlanger Einfügung des Berichterstatters – davon aus, daß sich irgendwas irgendwie irgendwo entwickelt. Wovon soll unsereiner noch ausgehen, wenn einem das geistige Mitgehen so erschwert wird? Soll man weniger nachdenken und einfach irgendwie irgendwas mitmachen?
Hm. Ja. Das ist auch eine Möglichkeit. Dann aber können Sie mich – wenn ich auf die modische Art hier und heute am Ball bleibe – auf die gleiche Weise hören und lesen.

Zukunftsprognosen

Vermuten Sie jetzt gleich eine düstere Vorausschau? Keine Angst. Dafür sind die Wissenschaftler zuständig. Oder möchten Sie lieber alles positiv sehen? Dann wenden Sie sich bitte vertrauensvoll an regierungsamtliche Pressestellen. Für den Privatgebrauch machen wir es eine Nummer kleiner, so wie jeder sagt: »Die Hauptsache ist, daß wir gesund bleiben.«

Die Aussichten dafür sind gut. Wir werden schon jetzt im Durchschnitt viel älter als unsere Vorfahren. Skeptiker meinen zwar: »Das trügt. Wir leben gar nicht wirklich länger, wir sind bloß länger krank.« Aber das kann schon deswegen nicht stimmen, weil sich die Krankenkasse jetzt Gesundheitskasse nennt. Damit sind die Kranken schon einmal namentlich beseitigt. Der Rest kommt mit der Zeit. Denn die Losung der Weltgesundheitsorganisation lautet: »Gesundheit für alle im Jahr 2000.«

Wie bitte, Sie halten das für ein völlig irreales Ziel? Schon. Aber wenn wir einfach . . . das heißt: Einfach ist da gar nichts, sondern immer mehrfach. Die Gesundheitsratschläge zwischen »Abnehmen« und »Zeckenimpfung« sind so zahlreich, daß die meisten schon bei A die Lust verlieren. Nehmen wir wenigstens noch das B dazu: Bloß nicht braun werden! Hautkrebsgefahr!

Sie wissen das schon? So? Warum sind Sie dann trotzdem nicht weiß wie die Wand? Braun ist modisch absolut out, meine Damen und Herren! Die Trendsetter schicken seit langem hellgepuderte Mannequins auf die Laufstege. Aber eigensinnig, wie wir sind, nehmen wir ihnen allenfalls die Kleider ab oder vielmehr einen billigen Abklatsch davon, nicht aber die eindrucksvolle Blässe. Und warum nicht? Weil Braun immer noch das Zeichen des Reichen und Erfolgreichen ist, das er sich bei einem sechswöchigen Yachturlaub in der Südsee holt. Da müssen doch für uns wenigstens drei Wochen Rimini drin sein und ein Abon-

nement im Sonnenstudio, meinen wir. Damit wir den gleichen Hautkrebs billiger kriegen. Meinen wir freilich nicht.
Und das alles nur, weil uns ein überzeugender Imageträger fehlt mit der gesunden Farbe von Frischkäse. Unser Märchenkönig Ludwig war genau der Typ: edelblaß, weil er am liebsten bei Mondschein ausgefahren ist. An ein Sonnenbad am Starnberger See hat er nicht im Traum gedacht. Und im Wachen schon gleich gar nicht. So jemanden bräuchten wir wieder! Zumindest als Vorbild für den richtigen Teint.
Aber was sehen wir Tag für Tag? Eine knackig braune oder braun geschminkte Ansagerin beim Fernsehen. Wenigstens die müßte als interessant bleiche Mimi wie in der Bohème auftreten, wenn auch nicht unbedingt schwindsüchtig hustend. Der Moderator dürfte nicht sonnengebräunt im Studio stehen wie ein römischer Gladiator in der Arena, sondern hätte zimmerbleich und edel auszuschauen wie der alte Richard Wagner unter der Samtmütze. Kopfbedeckungen müssen wieder her als Sonnenschutz! Wie hübsch stünde ein breitkrempiger Florentinerhut unserer Steffi Graf! Und wenn sie ihn mit einer Hand beim Spielen festhalten muß, könnten die anderen öfter ein Match und wir ein Vorbild gewinnen. Für unsern Boris wären Strumpfhosen und Ärmelschoner empfehlenswert: zur Verringerung der exponierten Hautfläche. Wo er als Rotblonder ohnehin so empfindlich ist! Und nicht nur gegen die Sonne, wie man hört.
Unsere Politiker hättens am leichtesten. Die müßten nur so blaß sein wie die Worte, die ihren Mündern entströmen. Und ihre Wangen müßten so weiß sein wie die Weste, die sie ohnehin alle haben. Hoffentlich.
Vorbilder müssen her! Leuchtend bleiche Vorbilder! Ich kann Ihnen damit leider nicht dienen. Weil man mich nicht sieht.

Zum Schluß

Bitte regen Sie sich nicht auf über die kommende Steuererleichterung, wenn Sie zu denen gehören, die dabei schwer draufzahlen. Sie werden noch sehen: Die anderen sind ihre Vergünstigungen auch bald wieder los: durch höhere Steuern. Weil es einfach nicht anders geht! Wer soll denn die Staatskasse füllen – wenn nicht wir?
Gut, es gibt auch Staatsbetriebe. Oder vielmehr nicht gut! Schauen Sie die Bahn an: nur Verluste, so weit das Auge reicht. Die Post war jahrelang im Defizit. Kaum gehts besser, kommt sie schon wieder hinein. VW ist verkauft. Und wo ist sonst noch viel zu holen? Nur vom braven Steuerzahler.
Also bloß nicht ärgern! Wir werden die neuen Abgaben genau so gewöhnen wie die alten. Von den meisten spüren wir ohnehin nichts, weil der Herr Finanzminister so dezent zugreift, daß man nur tief gerührt sein kann von so viel Zartgefühl und Delikatesse. Oder hat Ihnen vielleicht heute nacht der Gedanke an Ihre fällige Grundsteuer den Schlaf geraubt? Sagen Sie nicht: »Die trifft mich nicht, weil ich kein Grundbesitzer bin, sondern möblierter Untermieter.« Eben. Die Steuer steckt, ohne daß Sie es merken, in der Miete. Und tut Ihnen deswegen fast beinah gar nicht weh.
So stehen Sie vergnügt auf. Das Zimmer ist warm, wofür Sie schon Mineralölsteuer und Kohlepfennig entrichtet haben, der übrigens auch im Strom für die Lampe steckt, die Sie einschalten. Für die Glühbirnen haben Sie bereits Leuchtmittelsteuer bezahlt. Oder ist die gestrichen worden, so wie damals Zündhölzer-, Spielkarten-, Essigsäure- und Speiseeissteuer?
Egal. Freuen wir uns einfach pauschal. Vor allem, weil nach vielen Jahren endlich entdeckt wurde, daß das Kassieren dieser kleinen Abgaben mehr kostet, als es bringt.
So können Sie sich gelassen zum Frühstück setzen: mit Kaffeesteuer, Teesteuer, Zuckersteuer, Salzsteuer. Bei der Brotzeit zah-

len Sie still und bescheiden Getränkesteuer – und weniger bescheiden die Schaumweinsteuer. Und wenn nötig, auch die Steuer für den Verdauungschnaps. Beim Zigarettl lesen Sie ohnehin auf der Banderole, daß der Staat mitverdient.
Drum ist die Anti-Raucher-Kampagne ein zweischneidiges Schwert, sogar eine ganze Schwertersammlung: Erst der Verlust an Tabak- und Umsatzsteuer, dann an Arbeitsplätzen und damit an Lohnsteuer, Gewerbesteuer, Zöllen etc. Und wenn wir alle Nichtraucher werden und länger leben, reichen die Renten nicht mehr. Außer: Vater Staat zahlt noch mehr als bisher dazu – selbstverständlich aus unseren Steuern. Was er überhaupt nicht bräuchte, wenn wir lebenslang mehr von unserem Steuergeld behalten dürften. Denn wir entrichten ja auch noch die Kfz-Steuer, die Versicherungssteuer, die Vergnügungssteuer, die Lotteriesteuer undsoweiterundsofort.
Und das alles geht von dem Geld weg, das wir vorher schon versteuert haben: mit Lohnsteuer, Einkommensteuer, Vermögenssteuer, Erbschaftssteuer. Glücklicherweise ist die Quellensteuer abgeschafft, und nimmer kehrt sie wieder ... Zumindest nicht vor der Wahl. Trotzdem: Wir brauchen mehr Finanzbeamte, damit die Angelegenheit ordnungsgemäß geregelt wird. Und woher kommen die Gehälter für die Beamten? Aus unseren Steuern!
Drum helfe wenigstens ich Ihnen Steuern sparen, indem ich schließe. Denn jedes Wort, das ich schreibe, kostet mich Mehrwertsteuer! Und die steckt im Buchpreis drin. Je öfter Sie dieses Buch lesen, um so mehr Steuern können Sie sparen – anteilig umgerechnet. Also dann: Viel Vergnügen!